초등
맞춤법＋받아쓰기
1

[1일 1쓰기] 초등 맞춤법 + 받아쓰기 1

지은이 안상현
펴낸이 임상진
펴낸곳 (주)넥서스

초판 1쇄 발행 2021년 7월 26일
초판 6쇄 발행 2024년 6월 10일

출판신고 1992년 4월 3일 제311-2002-2호
주소 10880 경기도 파주시 지목로 5
전화 (02)330-5500 팩스 (02)330-5555

ISBN 979-11-6683-081-5 63710
      979-11-6683-080-8 63710(SET)

www.nexusbook.com

1일 1쓰기

칭찬
스티커
수록

초등

안상현 지음

맞춤법 ✚ 받아쓰기

1

따라 쓰기로 쉽게 맞춤법, 받아쓰기, 띄어쓰기를 모두 익혀요!

넥서스에듀

부모님에게

맞춤법 교육, 중요할까요?

혹시 아이들이 쓴 글을 본 적이 있으신가요? 일기장이든 독서 감상문이든 한번 살펴보세요. 맞춤법을 잘 지켜서 쓰고 있나요? 물론 아직 어리니까 괜찮다고 생각하실 수도 있습니다. 그러나 제 교직 생활 경험상 어릴 때부터 맞춤법을 계속 틀리는 아이들은 학년이 올라가도 쉽게 고쳐지지 않았습니다. 이미 수년간 사용해 왔고, 누구 하나 제대로 알려주지 않았던 탓에 익숙한 표현이 옳다고 생각하게 된 것입니다. 이런 학생들은 어른이 되어서도 고쳐지지 않을 확률이 높습니다. 그렇기 때문에 초등 저학년부터 제대로 된 맞춤법 교육이 필요합니다.

맞춤법은 국어 학습뿐만 아니라 전 교과 학습으로 이어집니다.

요즘 초등학교뿐 아니라 중학교, 고등학교에서도 지필 평가(결과 중심)보다 서술형 · 논술형 등의 수행 평가(과정 중심)의 비중이 높아지고 있습니다.

물론 글씨체와 글쓰기 능력도 중요한 요소지만, 맞춤법이 가장 기본적인 요소입니다. 글씨체를 생활적 · 태도적인 영역이라고 본다면, 맞춤법은 지식의 영역이라고 볼 수 있습니다. 유치원, 초등학교 저학년 시절에는 맞춤법이 틀리더라도 그냥 웃어넘길 수 있지만, 학년이 올라갈수록 단순히 웃고 넘어갈 수 있는 일이 아닙니다.

특히 학생 스스로가 맞춤법에 자신이 없고 위축되기 시작하면, 전 교과 학습에 안 좋은 영향을 끼칠 수도 있습니다.

맞춤법을 정확하게 쓰려면 어떻게 해야 할까요?

❶ 잘못 사용하고 있는 맞춤법이 무엇인지 정확히 알아야 합니다.

❷ 올바른 맞춤법을 자주 봐야 합니다.

❸ 손으로 직접 써야 합니다.

❹ 평소에도 자연스럽게 사용해야 합니다.

맞춤법을 틀리는 가장 큰 이유 중 하나는 본인이 쓴 맞춤법이 맞는 표현인지, 틀린 표현인지 모른다는 것입니다. 그렇기 때문에 이를 꼭 알려 주어야 합니다. 주위 사람들이 잘못 사용하는 맞춤법, 그중에서도 초등학생들이 많이 틀리는 맞춤법, 헷갈리는 단어들은 무엇이 있는지 다양한 예시를 보여 주고, 올바른 맞춤법을 알려 주어야 합니다.

이런 과정에서 당연히 직접 써 보는 활동도 큰 도움이 됩니다. 짧은 기간에 모든 맞춤법을 고치는 것은 힘들고 학생들도 지칠 수밖에 없습니다. 아이가 부담을 느끼지 않도록 천천히 한 단계씩 지도해 주시면 됩니다. 쉬운 것부터 점점 어려운 단어 순서로 하루에 3~4개 정도의 단어만 확인해 보고, 실생활에서 직접 활용한다면 올바른 맞춤법이 자리 잡힌 모습을 기대할 수 있을 것입니다.

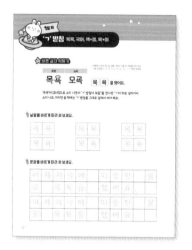

맞춤법 익히기

매일 따라 쓰며 바른 글씨로
올바른 맞춤법을 익혀요.

재미있는 쓰기 활동

따라 쓰며 익힌 맞춤법을 이용해
재미있는 쓰기 활동을 해요.

받아쓰기

다양한 쓰기 활동으로
맞춤법을 충분히 익힌 후,
받아쓰기를 해 보세요.

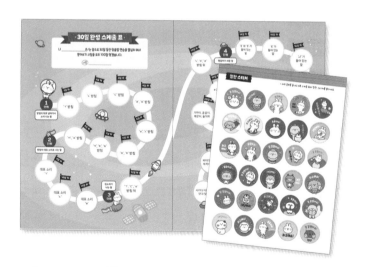

30일 완성 스케줄 표 & 칭찬 스티커

하루치 학습(하루 4쪽)을 끝내면
스케줄 표에 칭찬 스티커를 붙여 주세요.
동기 부여가 되어 더 열심히 할 수 있어요.

2권

·30일 완성 스케줄 표·

나 _____은/는 앞으로 30일 동안 맞춤법 연습을 열심히 해서
받아쓰기 시험을 모두 100점 맞겠습니다.

사인 _____

1 단원
받침이 뒤로 넘어가서 소리 나는 말

- **1일 차** 'ㄱ'받침
- **2일 차** 'ㄴ'받침
- **3일 차** 'ㄷ'받침
- **4일 차** 'ㄹ', 'ㅁ'받침
- **5일 차** 'ㅂ', 'ㅅ'받침
- **6일 차** 'ㅈ', 'ㅊ'받침
- **7일 차** 'ㅋ', 'ㅌ', 'ㅍ' 받침
- **8일 차** 'ㄲ', 'ㅆ'받침

2 단원
받침이 대표 소리로 나는 말

- **9일 차** 대표 소리 'ㄱ'
- **10일 차** 대표 소리 'ㄷ'
- **11일 차** 대표 소리 'ㅂ'

3 단원
된소리가 나는 말

- **12일 차** 'ㄱ', 'ㄷ', 'ㅂ' 받침 뒤

1단원

받침이 뒤로 넘어가서 소리 나는 말

'ㄱ' 받침 목욕, 국어, 책+을, 목+이

⭐ 바른 글자 익히기

* 모음은 소리가 목, 입, 코를 거쳐서 나올 때 장애를 받지 않고 나는 소리로 'ㅏ', 'ㅑ', 'ㅓ', 'ㅕ', 'ㅗ', 'ㅛ', 'ㅜ', 'ㅠ', 'ㅡ', 'ㅣ' 등이 있어요.

모양	소리
목욕	모곡

목 욕 을 했어요.

'목욕'이 [모곡]으로 소리 나듯이 'ㄱ' 받침이 모음*을 만나면 'ㄱ'이 뒤로 넘어가서 소리 나요. 하지만 쓸 때에는 'ㄱ' 받침을 그대로 살려서 써야 해요.

✏️ 낱말을 바르게 따라 써 보세요.

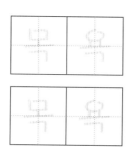
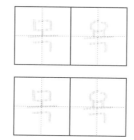
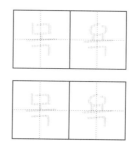

✏️ 문장을 바르게 따라 써 보세요.

| 어 | 제 | 저 | 녁 | 에 | | 따 | 뜻 | 한 | | 물 |
| 로 | | 목 | 욕 | 을 | | 했 | 어 | 요 | . | |

| 어 | 제 | 저 | 녁 | 에 | | 따 | 뜻 | 한 | | 물 |
| 로 | | 목 | 욕 | 을 | | 했 | 어 | 요 | . | |

 바른 글자 익히기

모양	소리
국어	**구거**

국 어 를 재미있게 배웠어요.

'국어'가 [구거]로 소리 나듯이 'ㄱ' 받침이 모음을 만나면 'ㄱ'이 뒤로 넘어가서
소리 나요. 하지만 쓸 때에는 'ㄱ' 받침을 그대로 살려서 써야 해요.

✏️ **낱말을 바르게 따라 써 보세요.**

국	어

국	어

국	어

국	어

국	어

국	어

✏️ **문장을 바르게 따라 써 보세요.**

국	어		시	간	에		맞	춤	법	을
배	워	요	.							

국	어		시	간	에		맞	춤	법	을
배	워	요	.							

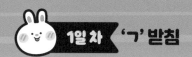
⭐ 바른 글자 익히기

모양	소리
책을	채글

도서관에서 [책] [을] 읽어요.

'책을'이 [채글]로 소리 나듯이 '¬' 받침이 모음을 만나면 '¬'이 뒤로 넘어가서 소리 나요. 하지만 쓸 때에는 '¬' 받침을 그대로 살려서 써야 해요.

✏️ 낱말을 바르게 따라 써 보세요.

책	을

책	을

책	을

책	을

책	을

책	을

✏️ 문장을 바르게 따라 써 보세요.

일	요	일		오	전	은		책	을	
읽	는		시	간	입	니	다	.		

일	요	일		오	전	은		책	을	
읽	는		시	간	입	니	다	.		

바른 글자 익히기

모양	소리
목이	모기

소리를 쳤더니 목 이 아파요.

여름철 날아 다니는 '모기'로 잘못 쓰지 않도록 주의하세요.

'목이'가 [모기]로 소리 나듯이 'ㄱ' 받침이 모음을 만나면 'ㄱ'이 뒤로 넘어가서 소리 나요. 하지만 쓸 때에는 'ㄱ' 받침을 그대로 살려서 써야 해요.

낱말을 바르게 따라 써 보세요.

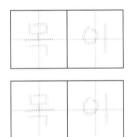
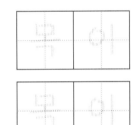
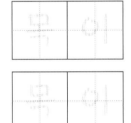

문장을 바르게 따라 써 보세요.

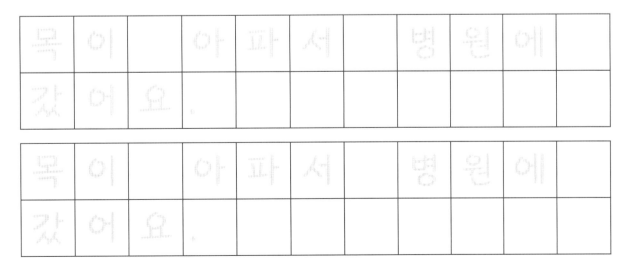

목이 아파서 병원에 갔어요.

목이 아파서 병원에 갔어요.

'ㄴ' 받침 어린이, 지은이, 문+을, 신어요

⭐ 바른 글자 익히기

모양	소리
어린이	어리니

오늘은 어 린 이 날 입니다.

'어린이'가 [어리니]로 소리 나듯이 'ㄴ' 받침이 모음을 만나면 'ㄴ'이 뒤로 넘어가서 소리 나요. 하지만 쓸 때에는 'ㄴ' 받침을 그대로 살려서 써야 해요.

✏️ 낱말을 바르게 따라 써 보세요.

어	린	이

어	린	이

어	린	이

어	린	이

어	린	이

어	린	이

✏️ 문장을 바르게 따라 써 보세요.

나	는		바	르	게		성	장	하	는
어	린	이	입	니	다	.				

나	는		바	르	게		성	장	하	는
어	린	이	입	니	다	.				

⭐ 바른 글자 익히기

모양	소리
지은이	지으니

책을 쓴 사람을 '지 은 이'라고 해요.

'지은이'가 [지으니]로 소리 나듯이 'ㄴ' 받침이 모음을 만나면 'ㄴ'이 뒤로 넘어가서 소리 나요. 하지만 쓸 때에는 'ㄴ' 받침을 그대로 살려서 써야 해요.

✏️ 낱말을 바르게 따라 써 보세요.

지	은	이

지	은	이

지	은	이

지	은	이

지	은	이

지	은	이

✏️ 문장을 바르게 따라 써 보세요.

이		책	의		지	은	이	는		누
구	인	가	요	?						

이		책	의		지	은	이	는		누
구	인	가	요	?						

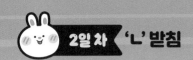

⭐ 바른 글자 익히기

모양	소리
문을	무늘

교실 문 을 열어요.

'문을'이 [무늘]로 소리 나듯이 'ㄴ' 받침이 모음을 만나면 'ㄴ'이 뒤로 넘어가서 소리 나요. 하지만 쓸 때에는 'ㄴ' 받침을 그대로 살려서 써야 해요.

✏️ 낱말을 바르게 따라 써 보세요.

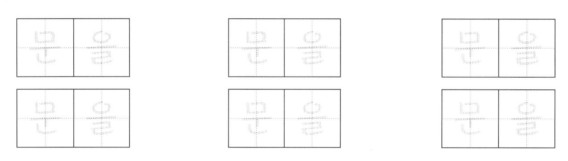

✏️ 문장을 바르게 따라 써 보세요.

비	가		오	면		문	을		닫	아
야			해	요	.					

비	가		오	면		문	을		닫	아
야			해	요	.					

⭐ 바른 글자 익히기

모양	소리
신어요	시너요

실내화를 신 어 요 .

'신어요'가 [시너요]로 소리 나듯이 'ㄴ' 받침이 모음을 만나면 'ㄴ'이 뒤로 넘어가서 소리 나요. 하지만 쓸 때에는 'ㄴ' 받침을 그대로 살려서 써야 해요.

✏️ 낱말을 바르게 따라 써 보세요.

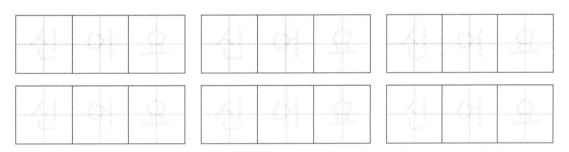

✏️ 문장을 바르게 따라 써 보세요.

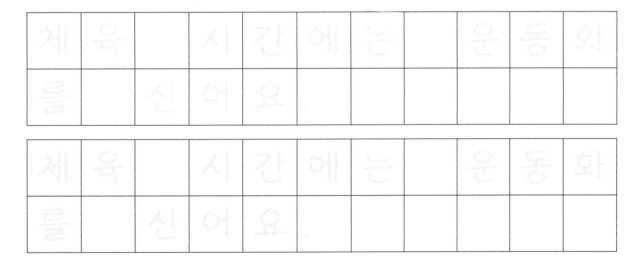

'ㄷ' 받침 믿음, 닫아요, 받아요

⭐ 바른 글자 익히기

모양	소리
믿음	미듬

믿 음 이 중요해요.

'믿음'이 [미듬]으로 소리 나듯이 'ㄷ' 받침이 모음을 만나면 'ㄷ'이 뒤로 넘어가서 소리 나요. 하지만 쓸 때에는 'ㄷ' 받침을 그대로 살려서 써야 해요.

✏️ 낱말을 바르게 따라 써 보세요.

믿	음

믿	음

믿	음

믿	음

믿	음

믿	음

✏️ 문장을 바르게 따라 써 보세요.

나	는		내		친	구	에		대	한
믿	음	이		있	어	요	.			
나	는		내		친	구	에		대	한
믿	음	이		있	어	요	.			

★ 바른 글자 익히기

모양	소리
닫아요	**다다요**

신발장을 닫 아 요 .

'닫아요'는 [다다요]로 소리 나듯이 'ㄷ' 받침이 모음을 만나면 'ㄷ'이 뒤로 넘어가
서 소리 나요. 하지만 쓸 때에는 'ㄷ' 받침을 그대로 살려서 써야 해요.

✏ 낱말을 바르게 따라 써 보세요.

닫	아	요

닫	아	요

닫	아	요

닫	아	요

닫	아	요

닫	아	요

✏ 문장을 바르게 따라 써 보세요.

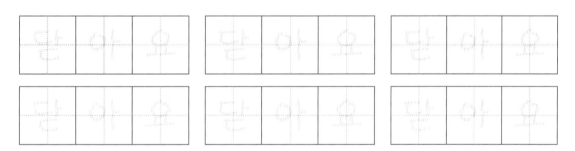

집	에		오	면		현	관	문	을	
닫	아	요	.							

집	에		오	면		현	관	문	을	
닫	아	요	.							

⭐ 바른 글자 익히기

모양	소리
받아요	바다요

선물을 받 아 요 .

'받아요'가 [바다요]로 소리 나듯이 'ㄷ' 받침이 모음을 만나면 'ㄷ'이 뒤로 넘어가서 소리 나요. 하지만 쓸 때에는 'ㄷ' 받침을 그대로 살려서 써야 해요.

✏️ 낱말을 바르게 따라 써 보세요.

받	아	요		받	아	요		받	아	요
받	아	요		받	아	요		받	아	요

✏️ 문장을 바르게 따라 써 보세요.

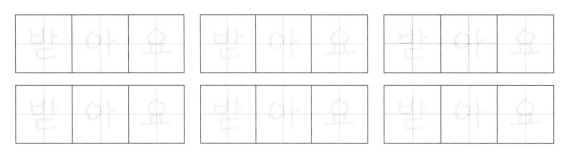

선	생	님	께		칭	찬	을		받	았
어	요	.								

선	생	님	께		칭	찬	을		받	았
어	요	.								

재미있는 쓰기 활동

✏️ 사다리를 타고 내려가서 그림에 맞는 단어를 쓰세요.

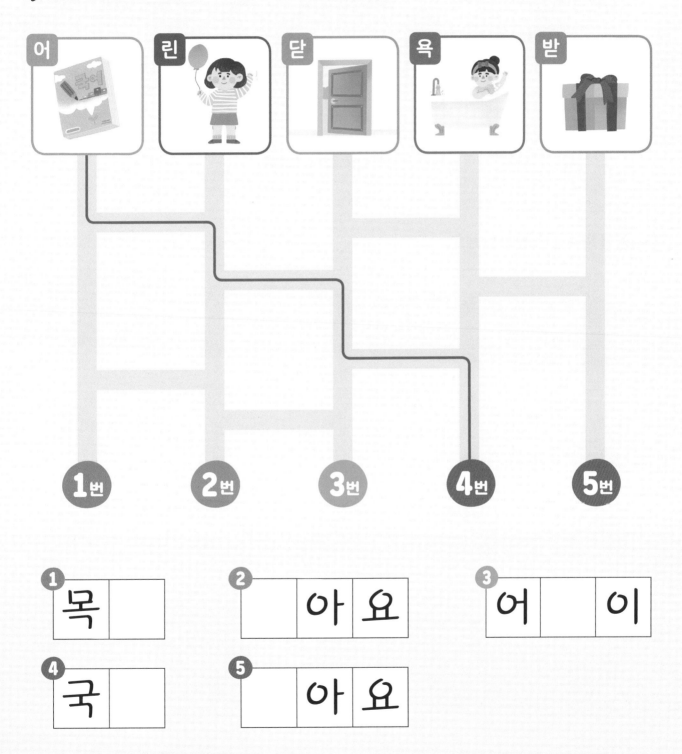

| 어 | 린 | 닫 | 욕 | 받 |

1번　**2번**　**3번**　**4번**　**5번**

1 | 목 | |

2 | | 아 | 요 |

3 | 어 | | 이 |

4 | 국 | |

5 | | 아 | 요 |

'ㄹ', 'ㅁ' 받침 놀이, 불+을, 음악, 춤+을

⭐ 바른 글자 익히기

모양	소리
놀이	노리

놀 이 시간이 있어요.

'놀이'는 [노리]로 소리 나듯이 'ㄹ' 받침이 모음을 만나면 'ㄹ'이 뒤로 넘어가서 소리 나요. 하지만 쓸 때에는 'ㄹ' 받침을 그대로 살려서 써야 해요.

✏️ 낱말을 바르게 따라 써 보세요.

놀	이

놀	이

놀	이

놀	이

놀	이

놀	이

✏️ 문장을 바르게 따라 써 보세요.

놀	이		시	간	이		끝	나	면	
수	업		준	비	를		해	요	.	

놀	이		시	간	이		끝	나	면	
수	업		준	비	를		해	요	.	

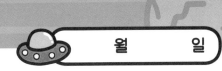

⭐ 바른 글자 익히기

모양	소리
불을	부를

불 을 끄다.

'불을'이 [부를]로 소리 나듯이 'ㄹ' 받침이 모음을 만나면 'ㄹ'이 뒤로 넘어가서 소리 나요. 하지만 쓸 때에는 'ㄹ' 받침을 그대로 살려서 써야 해요.

✏️ 낱말을 바르게 따라 써 보세요.

불	을

불	을

불	을

불	을

불	을

불	을

✏️ 문장을 바르게 따라 써 보세요.

소	화	기	를		이	용	해	서		불
을		꺼	요 .							

소	화	기	를		이	용	해	서		불
을		꺼	요 .							

⭐ 바른 글자 익히기

모양	소리
음악	으막

음 악 수업을 해요.

'음악'이 [으막]으로 소리 나듯이 'ㅁ' 받침이 모음을 만나면 'ㅁ'이 뒤로 넘어가서 소리 나요. 하지만 쓸 때에는 'ㅁ' 받침을 그대로 살려서 써야 해요.

✏️ 낱말을 바르게 따라 써 보세요.

음	악

음	악

음	악

음	악

음	악

음	악

✏️ 문장을 바르게 따라 써 보세요.

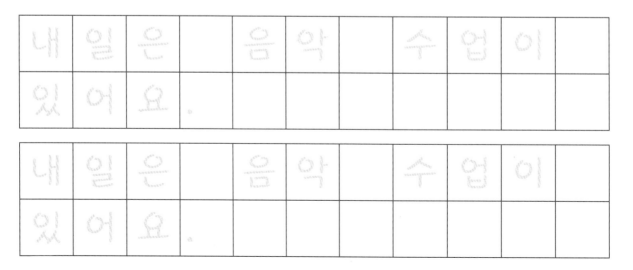

내	일	은		음	악		수	업	이	
있	어	요.								

내	일	은		음	악		수	업	이	
있	어	요.								

바른 글자 익히기

모양	소리
춤을	추믈

춤 을 춰요.

'춤을'이 [추믈]로 소리 나듯이 'ㅁ' 받침이 모음을 만나면 'ㅁ'이 뒤로 넘어가서 소리 나요. 하지만 쓸 때에는 'ㅁ' 받침을 그대로 살려서 써야 해요.

낱말을 바르게 따라 써 보세요.

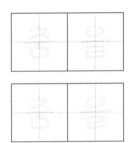
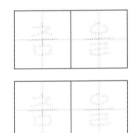
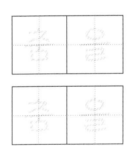

문장을 바르게 따라 써 보세요.

27

'ㅂ', 'ㅅ' 받침 돌잡이, 밥+을, 옷+을, 웃어요

⭐ 바른 글자 익히기

모양	소리
돌잡이	돌자비

 돌 잡 이 를 했어요.

'돌잡이'는 [돌자비]로 소리 나듯이 'ㅂ' 받침이 모음을 만나면 'ㅂ'이 뒤로 넘어가서 소리 나요. 하지만 쓸 때에는 'ㅂ' 받침을 그대로 살려서 써야 해요.

✏️ 낱말을 바르게 따라 써 보세요.

돌	잡	이

돌	잡	이

돌	잡	이

돌	잡	이

돌	잡	이

돌	잡	이

✏️ 문장을 바르게 따라 써 보세요.

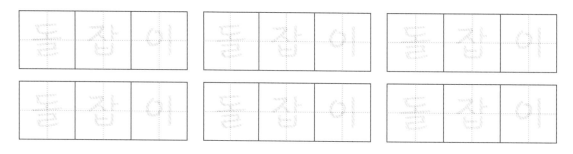

| 여 | 러 | 분 | 은 | | 돌 | 잡 | 이 | 에 | 서 | |
| 무 | 엇 | 을 | | | 잡 | 았 | 나 | 요 | ? | |

| 여 | 러 | 분 | 은 | | 돌 | 잡 | 이 | 에 | 서 | |
| 무 | 엇 | 을 | | | 잡 | 았 | 나 | 요 | ? | |

 바른 글자 익히기

모양	소리
밥을	바블

밥 을 먹어요.

'밥을'이 [바블]로 소리 나듯이 'ㅂ' 받침이 모음을 만나면 'ㅂ'이 뒤로 넘어가서 소리 나요. 하지만 쓸 때에는 'ㅂ' 받침을 그대로 살려서 써야 해요.

✏ 낱말을 바르게 따라 써 보세요.

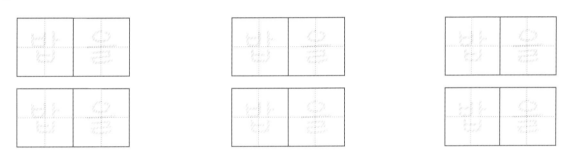

✏ 문장을 바르게 따라 써 보세요.

점심 시간에는 다같이 점심밥을 먹습니다.

29

⭐ 바른 글자 익히기

모양	소리
옷을	오슬

 옷 을 입어요.

'옷을'이 [오슬]로 소리 나듯이 'ㅅ' 받침이 모음을 만나면 'ㅅ'이 뒤로 넘어가서 소리 나요. 하지만 쓸 때에는 'ㅅ' 받침을 그대로 살려서 써야 해요.

✏️ 낱말을 바르게 따라 써 보세요.

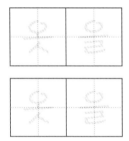 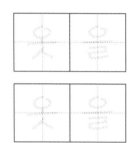 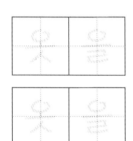

✏️ 문장을 바르게 따라 써 보세요.

잠	자	기		전	에	는		잠	옷	을
입	어	요	.							

잠	자	기		전	에	는		잠	옷	을
입	어	요	.							

 **바른 글자 익히기**

모양	소리
웃어요	우서요

즐겁게 웃 어 요 .

'웃어요'가 [우서요]로 소리 나듯이 'ㅅ' 받침이 모음을 만나면 'ㅅ'이 뒤로 넘어가서
소리 나요. 하지만 쓸 때에는 'ㅅ' 받침을 그대로 살려서 써야 해요.

✏️ **낱말을 바르게 따라 써 보세요.**

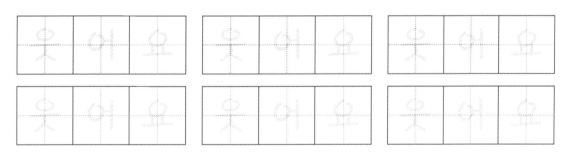

✏️ **문장을 바르게 따라 써 보세요.**

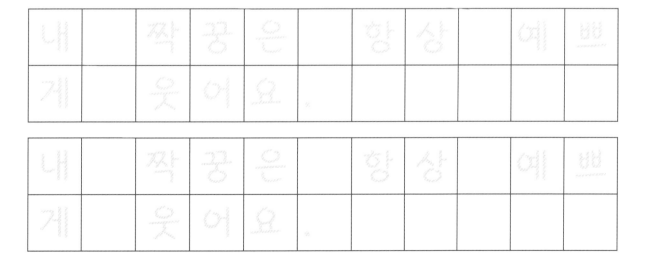

'ㅈ', 'ㅊ' 받침 책꽂이, 낮+에, 쫓아가다

⭐ 바른 글자 익히기

모양	소리
책꽂이	책꼬지

책 꽂 이 를 샀어요.

'책꽂이'는 [책꼬지]로 소리 나듯이 'ㅈ' 받침이 모음을 만나면 'ㅈ'이 뒤로 넘어가서 소리 나요. 하지만 쓸 때에는 'ㅈ' 받침을 그대로 살려서 써야 해요.

✏️ 낱말을 바르게 따라 써 보세요.

책	꽂	이

책	꽂	이

책	꽂	이

책	꽂	이

책	꽂	이

책	꽂	이

✏️ 문장을 바르게 따라 써 보세요.

책	꽂	이	에		좋	아	하	는		책
을		꽂	아	요	.					

책	꽂	이	에		좋	아	하	는		책
을		꽂	아	요	.					

모양	소리
낮에	나제

낮 에 는 해가 떠요.

'낮에'는 [나제]로 소리 나듯이 'ㅈ' 받침이 모음을 만나면 'ㅈ'이 뒤로 넘어가서 소리 나요. 하지만 쓸 때에는 'ㅈ' 받침을 그대로 살려서 써야 해요.

✏️ **낱말을 바르게 따라 써 보세요.**

낮	에
낮	에

낮	에
낮	에

낮	에
낮	에

✏️ **문장을 바르게 따라 써 보세요.**

낮	에	는		낮	잠	을		잘		수
있	어	요.								

낮	에	는		낮	잠	을		잘		수
있	어	요.								

⭐ 바른 글자 익히기

모양	소리
쫓아가다	쪼차가다

'쫓아가다'는 [쪼차가다]로 소리 나듯이 'ㅊ' 받침이 모음을 만나면 'ㅊ'이 뒤로 넘어가서 소리 나요. 하지만 쓸 때에는 'ㅊ' 받침을 그대로 살려서 써야 해요.

✏️ 낱말을 바르게 따라 써 보세요.

✏️ 문장을 바르게 따라 써 보세요.

사	냥	꾼	이		사	슴	을		쫓	아
가	요	.								

사	냥	꾼	이		사	슴	을		쫓	아
가	요	.								

재미있는 쓰기 활동

✏️ 두 개의 문장 중에서 맞춤법에 맞게 쓴 문장을 고르세요.

1

> 가 음악 수업 시간에 신나게 노래를 불러요.
>
> 나 으막 수업 시간에 신나게 노래를 불러요.

2

> 가 행복한 일이 있으면 크게 우서요.
>
> 나 행복한 일이 있으면 크게 웃어요.

3

> 가 제 책꼬지에는 책이 엄청 많아요.
>
> 나 제 책꽂이에는 책이 엄청 많아요.

⭐ 바른 글자 익히기

모양	소리
부엌에	부어케

빵은 [부] [엌] [에] 있다.

'부엌에'는 [부어케]로 소리 나듯이 'ㅋ' 받침이 모음을 만나면 'ㅋ'이 뒤로 넘어가서 소리 나요. 하지만 쓸 때에는 'ㅋ' 받침을 그대로 살려서 써야 해요.

✏️ 낱말을 바르게 따라 써 보세요.

부	엌	에		부	엌	에		부	엌	에
부	엌	에		부	엌	에		부	엌	에

✏️ 문장을 바르게 따라 써 보세요.

우	리		가	족	은		부	엌	에	서
저	녁	을		먹	어	요	.			

우	리		가	족	은		부	엌	에	서
저	녁	을		먹	어	요	.			

⭐ 바른 글자 익히기

모양	소리
밑에	**미테**

책상 밑 에 숨어요.

'밑에'가 [미테]로 소리 나듯이 'ㅌ' 받침이 모음을 만나면 'ㅌ'이 뒤로 넘어가서 소리 나요. 하지만 쓸 때에는 'ㅌ' 받침을 그대로 살려서 써야 해요.

✏️ 낱말을 바르게 따라 써 보세요.

밑	에		밑	에		밑	에
밑	에		밑	에		밑	에

✏️ 문장을 바르게 따라 써 보세요.

연	필	이		의	자		밑	에		떨
어	졌	어	요	.						

연	필	이		의	자		밑	에		떨
어	졌	어	요	.						

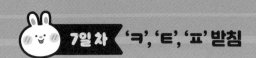

⭐ 바른 글자 익히기

모양	소리
높이	노피

높 이 뛰어요.

'높이'가 [노피]로 소리 나듯이 'ㅍ' 받침이 모음을 만나면 'ㅍ'이 뒤로 넘어가서 소리 나요. 하지만 쓸 때에는 'ㅍ' 받침을 그대로 살려서 써야 해요.

✏️ 낱말을 바르게 따라 써 보세요.

높	이
높	이

높	이
높	이

높	이
높	이

✏️ 문장을 바르게 따라 써 보세요.

체	육		시	간	에		높	이	뛰	기
를			배	웠	어	요	.			

체	육		시	간	에		높	이	뛰	기
를			배	웠	어	요	.			

 **바른 글자 익히기**

모양	소리
무릎이	무르피

무 릎 이 아파요.

'무릎이'가 [무르피]로 소리 나듯이 'ㅍ' 받침이 모음을 만나면 'ㅍ'이 뒤로 넘어가서 소리 나요. 하지만 쓸 때에는 'ㅍ' 받침을 그대로 살려서 써야 해요.

✏️ **낱말을 바르게 따라 써 보세요.**

| 무 | 릎 | 이 | | 무 | 릎 | 이 | | 무 | 릎 | 이 |

| 무 | 릎 | 이 | | 무 | 릎 | 이 | | 무 | 릎 | 이 |

✏️ **문장을 바르게 따라 써 보세요.**

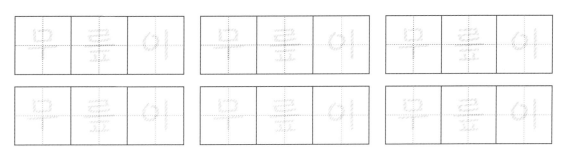

| 복 | 도 | 에 | 서 | | 넘 | 어 | 져 | 서 | | 무 |
| 릎 | 에 | | 피 | 가 | | 나 | 요 | . | | |

| 복 | 도 | 에 | 서 | | 넘 | 어 | 져 | 서 | | 무 |
| 릎 | 에 | | 피 | 가 | | 나 | 요 | . | | |

'끼', '씨' 받침 연필깎이, 떡볶이, 갔어요

⭐ 바른 글자 익히기

모양	소리
연필깎이	연필까끼

'깎이'가 [까끼]로 소리 나듯이 '끼' 받침이 모음을 만나면 '끼'이 뒤로 넘어가서 소리 나요. 하지만 쓸 때에는 '끼' 받침을 그대로 살려서 써야 해요.

✏️ 낱말을 바르게 따라 써 보세요.

연	필	깎	이

연	필	깎	이

연	필	깎	이

연	필	깎	이

✏️ 문장을 바르게 따라 써 보세요.

연	필	은		연	필	깎	이	로		깎
아	요	.								

연	필	은		연	필	깎	이	로		깎
아	요	.								

⭐ 바른 글자 익히기

모양	소리
떡볶이	떡뽀끼

떡 볶 이 를 먹어요.

'떡볶이'가 [떡뽀끼]로 소리 나듯이 'ㄲ' 받침이 모음을 만나면 'ㄲ'이 뒤로 넘어가서 소리 나요. 하지만 쓸 때에는 'ㄲ' 받침을 그대로 살려서 써야 해요.

✏️ 낱말을 바르게 따라 써 보세요.

떡	볶	이		떡	볶	이		떡	볶	이
떡	볶	이		떡	볶	이		떡	볶	이

✏️ 문장을 바르게 따라 써 보세요.

볶	음	밥	과		떡	볶	이	를		맛
있	게		먹	었	어	요	.			

볶	음	밥	과		떡	볶	이	를		맛
있	게		먹	었	어	요	.			

⭐ 바른 글자 익히기

모양	소리
갔어요	가써요

소풍을 갔 어 요 .

'갔어요'가 [가써요]로 소리 나듯이 'ㅆ' 받침이 모음을 만나면 'ㅆ'이 뒤로 넘어가서 소리 나요. 하지만 쓸 때에는 'ㅆ' 받침을 그대로 살려서 써야 해요.

✏️ 낱말을 바르게 따라 써 보세요.

갔	어	요
갔	어	요

갔	어	요
갔	어	요

갔	어	요
갔	어	요

✏️ 문장을 바르게 따라 써 보세요.

아	침	에		일	어	나	서		학	교
에		갔	어	요	.					

아	침	에		일	어	나	서		학	교
에		갔	어	요	.					

재미있는 쓰기 활동

✏️ **맞춤법이 알맞은 단어에 ○표 하고, 문장을 완성하세요.**

1

⇨ 어머니는 ⬜⬜⬜ 계세요.

부어케   부엌에

2

⇨ 어제 친구네 집에 놀러 ⬜⬜⬜ .

갔어요   가써요

3

⇨ 튀김을 ⬜⬜⬜ 국물에

찍어 먹으면 맛있어요.

떡뽀끼   떡볶이

받아쓰기

🎧 받아쓰기 듣기

✏️ **문장을 잘 듣고 받아 써 보세요.** (정답 146쪽의 문장을 불러 주시거나 QR을 찍어 들려주세요.)

1

2

3

4

5

6

7

8

2단원

받침이
대표 소리로
나는 말

대표 소리 'ㄱ' 부엌, 녘, 묶다, 깎다

⭐ 바른 글자 익히기

모양	소리
부엌	부억

냉장고는 부 엌 에 있어요.

'부엌'이 [부억]으로 소리 나듯이 'ㄱ', 'ㅋ', 'ㄲ' 받침은 모두 'ㄱ' 소리가 나요. 그래서 'ㄱ'을 'ㄱ', 'ㅋ', 'ㄲ'의 대표 소리라고 해요. 하지만 쓸 때에는 원래 받침을 그대로 살려서 써야 해요.

✏️ 낱말을 바르게 따라 써 보세요.

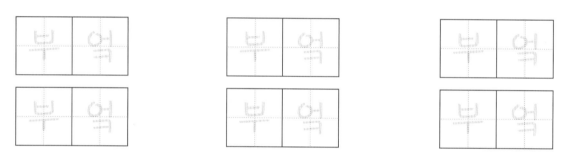

부	엌

부	엌

부	엌

부	엌

부	엌

부	엌

✏️ 문장을 바르게 따라 써 보세요.

부	엌	에		가	면		맛	있	는	
음	식	이		있	어	요	.			

부	엌	에		가	면		맛	있	는	
음	식	이		있	어	요	.			

★ 바른 글자 익히기

모양	소리
녘	녁

해 질 **녘** 무렵

'녘'이 [녁]으로 소리 나듯이 'ㄱ', 'ㅋ', 'ㄲ' 받침은 모두 'ㄱ' 소리가 나요. 그래서 'ㄱ'을 'ㄱ', 'ㅋ', 'ㄲ'의 대표 소리라고 해요. 하지만 쓸 때에는 원래 받침을 그대로 살려서 써야 해요.

✏️ 낱말을 바르게 따라 써 보세요.

✏️ 문장을 바르게 따라 써 보세요.

해		질		녘		노	을	이		참
아	름	다	웠	다	.					
해		질		녘		노	을	이		참
아	름	다	웠	다	.					

47

⭐ 바른 글자 익히기

모양	소리
묶다	묵따

신발끈을 묶 다 .

'묶다'가 [묵따]로 소리 나듯이 'ㄱ', 'ㅋ', 'ㄲ' 받침은 모두 'ㄱ' 소리가 나요. 그래서 'ㄱ'을 'ㄱ', 'ㅋ', 'ㄲ'의 대표 소리라고 해요. 하지만 쓸 때에는 원래 받침을 그대로 살려서 써야 해요.

✏️ 낱말을 바르게 따라 써 보세요.

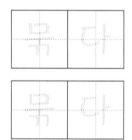 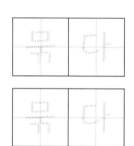 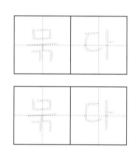

✏️ 문장을 바르게 따라 써 보세요.

흔	들	리	지		않	도	록		나	무
에		묶	기		시	작	했	다	.	

흔	들	리	지		않	도	록		나	무
에		묶	기		시	작	했	다	.	

모양	소리
깎다	깍다

사과를 깎 다.

'깎다'가 [깍따]로 소리 나듯이 'ㄱ', 'ㅋ', 'ㄲ' 받침은 모두 'ㄱ' 소리가 나요. 그래서 'ㄱ'을 'ㄱ', 'ㅋ', 'ㄲ'의 대표 소리라고 해요. 하지만 쓸 때에는 원래 받침을 그대로 살려서 써야 해요.

낱말을 바르게 따라 써 보세요.

| 깎 | 다 | | 깎 | 다 | | 깎 | 다 |
| 깎 | 다 | | 깎 | 다 | | 깎 | 다 |

문장을 바르게 따라 써 보세요.

| 미 | 용 | 실 | 에 | | 가 | 서 | | 머 | 리 | 를 |
| 깎 | 았 | 어 | 요. | | | | | | | |

| 미 | 용 | 실 | 에 | | 가 | 서 | | 머 | 리 | 를 |
| 깎 | 았 | 어 | 요. | | | | | | | |

대표 소리 'ㄷ' 깃발, 낮잠, 붓꽃, 솥뚜껑

⭐ 바른 글자 익히기

모양	소리
깃발	긷빨

깃 발 을 높이 올리다.

'깃발'은 [긷빨]로 소리 나듯이 'ㄷ', 'ㅅ', 'ㅈ', 'ㅊ', 'ㅌ' 받침은 모두 'ㄷ' 소리가 나요. 그래서 'ㄷ'을 'ㄷ', 'ㅅ', 'ㅈ', 'ㅊ', 'ㅌ'의 대표 소리라고 해요. 하지만 쓸 때에는 원래 받침을 그대로 살려서 써야 해요.

✏️ 낱말을 바르게 따라 써 보세요.

깃발 깃발 깃발

깃발 깃발 깃발

✏️ 문장을 바르게 따라 써 보세요.

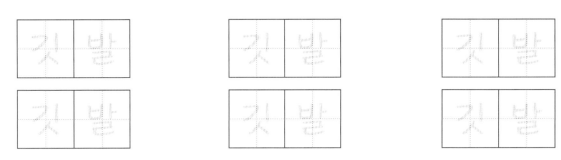

하	얀		깃	발	이		펄	럭	이	고
있	었	다.								

하	얀		깃	발	이		펄	럭	이	고
있	었	다.								

⭐ 바른 글자 익히기

모양	소리
낮잠	낟짬

낮 잠 을 잤다.

'낮잠'이 [낟짬]으로 소리 나듯이 'ㄷ', 'ㅅ', 'ㅈ', 'ㅊ', 'ㅌ' 받침은 모두 'ㄷ' 소리가 나요.
그래서 'ㄷ'을 'ㄷ', 'ㅅ', 'ㅈ', 'ㅊ', 'ㅌ'의 대표 소리라고 해요. 하지만 쓸 때에는 원래 받침
을 그대로 살려서 써야 해요.

✏️ 낱말을 바르게 따라 써 보세요.

낮	잠
낮	잠

낮	잠
낮	잠

낮	잠
낮	잠

✏️ 문장을 바르게 따라 써 보세요.

내		동	생	은		낮	잠	을		잤
다	.									

내		동	생	은		낮	잠	을		잤
다	.									

 바른 글자 익히기

모양	소리
붓꽃	붇꼳

 붓 꽃 이 피었다.

'붓꽃'은 [붇꼳]으로 소리 나듯이 'ㄷ', 'ㅅ', 'ㅈ', 'ㅊ', 'ㅌ' 받침은 모두 'ㄷ' 소리가 나요. 그래서 'ㄷ'을 'ㄷ', 'ㅅ', 'ㅈ', 'ㅊ', 'ㅌ'의 대표 소리라고 해요. 하지만 쓸 때에는 원래 받침을 그대로 살려서 써야 해요.

✏️ 낱말을 바르게 따라 써 보세요.

붓	꽃
붓	꽃

붓	꽃
붓	꽃

붓	꽃
붓	꽃

✏️ 문장을 바르게 따라 써 보세요.

붓	꽃	이		꽃	말	은		'좋	은
소	식	'	이	에	요	.			

붓	꽃	이		꽃	말	은		'좋	은
소	식	'	이	에	요	.			

모양	소리
솥뚜껑	솥뚜껑

솥 뚜 껑 을 열어요.

'솥뚜껑'은 [솓뚜껑]으로 소리 나듯이 'ㄷ', 'ㅅ', 'ㅈ', 'ㅊ', 'ㅌ' 받침은 모두 'ㄷ' 소리가 나요. 그래서 'ㄷ'을 'ㄷ', 'ㅅ', 'ㅈ', 'ㅊ', 'ㅌ'의 대표 소리라고 해요. 하지만 쓸 때에는 원래 받침을 그대로 살려서 써야 해요.

낱말을 바르게 따라 써 보세요.

솥	뚜	껑

솥	뚜	껑

솥	뚜	껑

솥	뚜	껑

솥	뚜	껑

솥	뚜	껑

문장을 바르게 따라 써 보세요.

뚜	꺼	운		솥	뚜	껑	에		고	기
를			구	웠	다	.				

뚜	꺼	운		솥	뚜	껑	에		고	기
를			구	웠	다	.				

대표 소리 'ㅂ' 무릎 / 무릎쓰다, 숲

⭐ 바른 글자 익히기

모양	소리
무릎	무릅

무릎 을 다치다.

'무릎'이 [무릅]으로 소리 나듯이 'ㅍ', 'ㅍ' 받침은 모두 'ㅂ' 소리가 나요. 그래서 'ㅂ'을 'ㅂ', 'ㅍ'의 대표 소리라고 해요. 하지만 쓸 때에는 원래 받침을 그대로 살려서 써야 해요.

✏️ 낱말을 바르게 따라 써 보세요.

✏️ 문장을 바르게 따라 써 보세요.

| 무 | 릎 | | 보 | 호 | 대 | 를 | | 착 | 용 | 해 |
| 요 | . | | | | | | | | | |

| 무 | 릎 | | 보 | 호 | 대 | 를 | | 착 | 용 | 해 |
| 요 | . | | | | | | | | | |

★ 바른 글자 익히기

모양	소리
무릅쓰다	무릅쓰다

'무릅쓰다'는 '힘들고 어려운 일을 참고 견디다'라는 뜻이에요.

'무릎'이 [무릅]으로 소리 나듯이 'ㅂ', 'ㅍ' 받침은 모두 'ㅂ' 소리가 나요. 그래서 'ㅂ'을 'ㅂ', 'ㅍ'의 대표 소리라고 해요. '무릎쓰다'로 잘못 쓰지 않도록 주의하세요.

✏️ **낱말을 바르게 따라 써 보세요.**

✏️ **문장을 바르게 따라 써 보세요.**

아	버	지	는		추	위	를		무	릅
쓰	고		밖	에		나	가	셨	다	.

아	버	지	는		추	위	를		무	릅
쓰	고		밖	에		나	가	셨	다	.

⭐ 바른 글자 익히기

모양	소리
숲	숩

숲 속을 걸어요.

'숲'이 [숩]으로 소리 나듯이 'ㅂ', 'ㅍ' 받침은 모두 'ㅂ' 소리가 나요. 그래서 'ㅂ'을 'ㅂ', 'ㅍ'의 대표 소리라고 해요. 하지만 쓸 때에는 원래 받침을 그대로 살려서 써야 해요.

✏️ 낱말을 바르게 따라 써 보세요.

숲	숲	숲	숲	숲
숲	숲	숲	숲	숲

✏️ 문장을 바르게 따라 써 보세요.

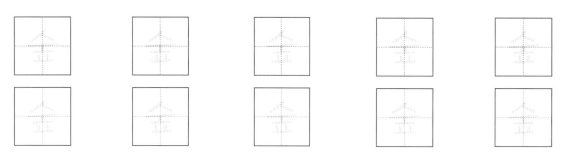

많	은		동	물	이		숲	에		살
고			있	어	요.					

많	은		동	물	이		숲	에		살
고			있	어	요.					

재미있는 쓰기 활동

✏️ 다음 빈칸에 알맞은 단어를 찾아 그림 일기를 완성하세요.

예시

숩, 숲, 녁, 녘, 무릅, 무릎

| | 년 | 월 | 일 | 요일 | 날씨 | | | | |

가	족	들	과				으	로	
여	행	을		갔	다	.	해		질
	이	라		어	두	워	서		넘
어	졌	다	.			을		다	쳤
다	.								

받아쓰기

🎧 받아쓰기 듣기

✏️ **문장을 잘 듣고 받아 써 보세요.** (정답 146쪽의 문장을 불러 주시거나 QR을 찍어 들려주세요.)

1

2

3

4

5

6

7

8

된소리가 나는 말

'ㄱ', 'ㄷ', 'ㅂ' 받침 뒤 학교, 책상, 묻다, 접시

⭐ 바른 글자 익히기

* 된소리: 'ㄲ', 'ㄸ', 'ㅃ', 'ㅆ', 'ㅉ' 등의 소리를 말해요.

모양	소리
학교	학꾜

학 교 생활이 재미있어요.

'학교'가 [학꾜]로 소리 나듯이 'ㄱ', 'ㄷ', 'ㅂ' 받침이 'ㄱ', 'ㄷ', 'ㅂ', 'ㅅ', 'ㅈ'을 만나면 된소리*로 소리 나요. 하지만 쓸 때에는 'ㄱ' 자음을 그대로 써야 해요.

✏️ 낱말을 바르게 따라 써 보세요.

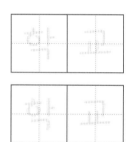

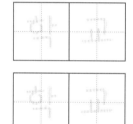

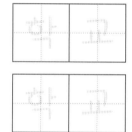

✏️ 문장을 바르게 따라 써 보세요.

월	요	일	은		학	교	에		가	는
날	입	니	다	.						

월	요	일	은		학	교	에		가	는
날	입	니	다	.						

★ 바른 글자 익히기

모양	소리
책상	**책쌍**

책 상 에 앉아 있어요.

'책상'이 [책쌍]으로 소리 나듯이 'ㄱ', 'ㄷ', 'ㅂ' 받침이 'ㄱ', 'ㄷ', 'ㅂ', 'ㅅ', 'ㅈ'을 만나면 된소리로 소리 나요. 하지만 쓸 때에는 'ㅅ' 자음을 그대로 써야 해요.

✏️ 낱말을 바르게 따라 써 보세요.

책	상

책	상

책	상

책	상

책	상

책	상

✏️ 문장을 바르게 따라 써 보세요.

책	상		위	에		교	과	서	를	
올	려	요	.							

책	상		위	에		교	과	서	를	
올	려	요	.							

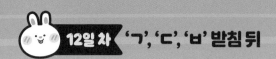

⭐ 바른 글자 익히기

모양	소리
묻다	묻따

길을 묻 다.

'묻다'가 [묻따]로 소리 나듯이 'ㄱ', 'ㄷ', 'ㅂ' 받침이 'ㄱ', 'ㄷ', 'ㅂ', 'ㅅ', 'ㅈ'을 만나면 된소리로 소리 나요. 하지만 쓸 때에는 'ㄷ' 자음을 그대로 써야 해요.

✏️ 낱말을 바르게 따라 써 보세요.

묻	다

묻	다

묻	다

묻	다

묻	다

묻	다

✏️ 문장을 바르게 따라 써 보세요.

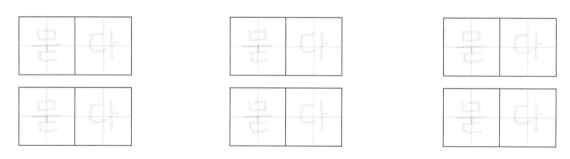

할	아	버	지	와		할	머	니	께	
안	부	를		묻	다	.				

할	아	버	지	와		할	머	니	께	
안	부	를		묻	다	.				

 바른 글자 익히기

모양	소리
접시	접씨

접 시 에 담아요.

'접시'가 [접씨]로 소리 나듯이 'ㄱ', 'ㄷ', 'ㅂ' 받침이 'ㄱ', 'ㄷ', 'ㅂ', 'ㅅ', 'ㅈ'을 만나면 된소리로 소리 나요. 하지만 쓸 때에는 'ㅅ' 자음을 그대로 써야 해요.

✏️ 낱말을 바르게 따라 써 보세요.

접	시

접	시

접	시

접	시

접	시

접	시

✏️ 문장을 바르게 따라 써 보세요.

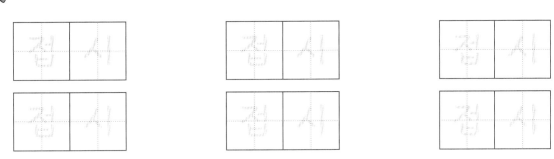

| 접 | 시 | 가 | | 깨 | 지 | 지 | | 않 | 도 | 록 |
| 조 | 심 | 해 | 요. | | | | | | | |

| 접 | 시 | 가 | | 깨 | 지 | 지 | | 않 | 도 | 록 |
| 조 | 심 | 해 | 요 | | | | | | | |

'ㄴ', 'ㅁ', 'ㄹ' 받침 뒤 안과, 김밥, 질서

⭐ 바른 글자 익히기

모양	소리
안과	안꽈

안 과 에 가요.

'안과'가 [안꽈]로 소리 나듯이 'ㄴ', 'ㅁ' 받침 뒤에 오는 'ㄱ', 'ㄷ', 'ㅂ', 'ㅅ', 'ㅈ'은 된소리로 소리 나요. 하지만 쓸 때에는 'ㄱ'을 그대로 살려서 써야 해요.

✏️ 낱말을 바르게 따라 써 보세요.

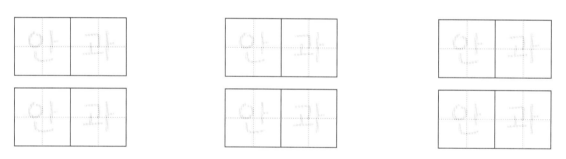

✏️ 문장을 바르게 따라 써 보세요.

눈	이		아	프	면		안	과	를	
가	야		해	요	.					

눈	이		아	프	면		안	과	를	
가	야		해	요	.					

 바른 글자 익히기

모양	소리
김밥	김빱

김 밥 을 먹어요.

'김밥'이 [김빱]으로 소리 나듯이 'ㄴ', 'ㅁ' 받침 뒤에 오는 'ㄱ', 'ㄷ', 'ㅂ', 'ㅅ', 'ㅈ'은 된소리로 소리 나요. 하지만 쓸 때에는 'ㅂ'을 그대로 살려서 써야 해요.

✏️ 낱말을 바르게 따라 써 보세요.

| 김 | 밥 | | 김 | 밥 | | 김 | 밥 |
| 김 | 밥 | | 김 | 밥 | | 김 | 밥 |

✏️ 문장을 바르게 따라 써 보세요.

| 소 | 풍 | 을 | | 가 | 서 | | 김 | 밥 | 을 |
| 맛 | 있 | 게 | | 먹 | 었 | 어 | 요 | . | |

| 소 | 풍 | 을 | | 가 | 서 | | 김 | 밥 | 을 |
| 맛 | 있 | 게 | | 먹 | 었 | 어 | 요 | . | |

⭐ 바른 글자 익히기

모양	소리
질서	질써

질 서 를 지켜요.

'질서'가 [질써]로 소리 나듯이 한자어인 경우 'ㄹ' 받침 뒤에 오는 'ㄷ', 'ㅅ', 'ㅈ'은 된소리로 소리 나요. 하지만 쓸 때에는 'ㅅ'을 그대로 살려서 써야 해요.

✏️ 낱말을 바르게 따라 써 보세요.

✏️ 문장을 바르게 따라 써 보세요.

공	공	장	소	에	서	는		질	서	를
지	켜	야		해	요	.				

공	공	장	소	에	서	는		질	서	를
지	켜	야		해	요	.				

재미있는 쓰기 활동

✏️ **아래 <학교를 소개하는 글>에는 맞춤법이 틀린 말들이 있어요.**

우리 하꾜는 정말 멋진 장소입니다. 교실에 가면 친구들이 많아요. 그리고 공부를 위해 필요한 책쌍도 있고, 의자도 있어요. 점심 시간에는 정말 맛있는 밥이 나오는데, 특히 어제는 제가 제일 좋아하는 김빱이 나왔어요. 음식을 흘리지 않도록 질써를 지켜 받았어요.

❶ 맞춤법이 틀린 말은 몇 개인가요? 틀린 말에 O표 하세요.

❷ 잘못 쓴 말을 바르게 고쳐 주세요.

| 하 | 꾜 | ⇨ | | |

| 책 | 쌍 | ⇨ | | |

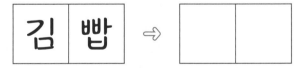

| 김 | 빱 | ⇨ | | |

| 질 | 써 | ⇨ | | |

받아쓰기

🎧 받아쓰기 듣기

✏️ **문장을 잘 듣고 받아 써 보세요.** (정답 146쪽의 문장을 불러 주시거나 QR을 찍어 들려주세요.)

1

2

3

4

5

6

7

8

4단원

헷갈리기 쉬운 말

'ㅐ'와 'ㅔ'가 들어 있는 말 베개, 찌개, 대체, 내+가

⭐ 바른 글자 익히기

| 베 | 개 | 를 베고 잠을 자요.

'베다'는 '누울 때 머리 아래에 받치다'라는 뜻이에요. 잠을 자거나 누울 때
머리를 받치는 '베개'를 '배개'로 잘못 쓰지 않도록 주의하세요.

✏️ 낱말을 바르게 따라 써 보세요.

베	개

베	개

베	개

베	개

베	개

베	개

✏️ 문장을 바르게 따라 써 보세요.

친	구	와		베	개	를		던	지	며
놀	았	어	요	.						

친	구	와		베	개	를		던	지	며
놀	았	어	요	.						

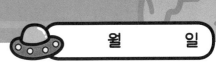

⭐ 바른 글자 익히기

저녁으로 김치 [찌][개] 가 나왔어요.

'찌개'는 '고기나 채소 등을 넣고 된장·고추장 등으로 간을 맞추어 끓인 음식'
을 말해요. '찌개'를 '찌게'로 잘못 쓰지 않도록 주의하세요.

✏️ 낱말을 바르게 따라 써 보세요.

찌	개

찌	개

찌	개

찌	개

찌	개

찌	개

✏️ 문장을 바르게 따라 써 보세요.

된	장	찌	개		만	드	는		방	법
을		배	웠	어	요	.				

된	장	찌	개		만	드	는		방	법
을		배	웠	어	요	.				

★ 바른 글자 익히기

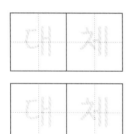 무슨 일이 생긴거야?

'대체'는 '다른 말은 그만두고 요점만 말하자면'의 뜻이에요. 보통 의문을 나타내는 말과 함께 사용해요. '도대체'랑 비슷한 표현입니다. '대체'를 '대채', '데채', '데체' 등으로 잘못 쓰지 않도록 주의하세요.

✏️ 낱말을 바르게 따라 써 보세요.

✏️ 문장을 바르게 따라 써 보세요.

대	체		너	는		무	엇	을		먹
고		싶	은		거	니	?			

대	체		너	는		무	엇	을		먹
고		싶	은		거	니	?			

⭐ 바른 글자 익히기

내 가 좋아하는 과목은 국어입니다.

'내가'는 자신을 뜻하는 말이고, '네가'는 상대방인 '너'를 뜻하는 말입니다.
'내'와 '네'를 잘못 쓰지 않도록 주의하세요.

✏️ **낱말을 바르게 따라 써 보세요.**

내	가

내	가

내	가

내	가

내	가

내	가

✏️ **문장을 바르게 따라 써 보세요.**

내	가		읽	은		책	은		네	가
읽	은		책	보	다		어	렵	다	.

내	가		읽	은		책	은		네	가
읽	은		책	보	다		어	렵	다	.

'예'가 들어 있는 말 계획, 계이름, 예절, 옛날

⭐ 바른 글자 익히기

방학 **계** **획** 을 세워요.

'계획'은 '앞으로 할 일의 절차, 방법, 규모 등을 미리 헤아려 작정한다'는 뜻이에요. '계획'을 '게획', '개획' 등으로 잘못 쓰지 않도록 주의하세요.

✏️ 낱말을 바르게 따라 써 보세요.

계	획

계	획

계	획

계	획

계	획

계	획

✏️ 문장을 바르게 따라 써 보세요.

저	녁	을		먹	고		나	서		책
을		읽	을		계	획	입	니	다	.

저	녁	을		먹	고		나	서		책
을		읽	을		계	획	입	니	다	.

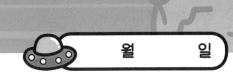
⭐ 바른 글자 익히기

음악 시간에 계 이 름 을 배워요.

'계이름'은 '도, 레, 미, 파, 솔, 라, 시 등 음계를 이루는 자리의 이름'을 뜻해요.
'계이름'을 '게이름', '개이름' 등으로 잘못 쓰지 않도록 주의하세요.

✏️ **낱말을 바르게 따라 써 보세요.**

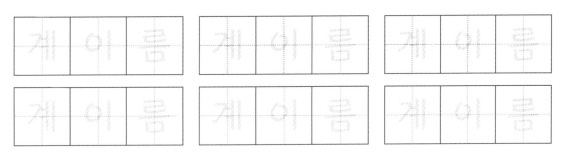

✏️ **문장을 바르게 따라 써 보세요.**

나	는		이		노	래	의		계	이
름	을		다		외	웠	어	요	.	

나	는		이		노	래	의		계	이
름	을		다		외	웠	어	요	.	

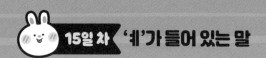

⭐ **바른 글자 익히기**

 을 지켜요.

'예절'은 '예의에 관한 모든 절차나 질서'를 뜻해요. '예절'을 '에절', '얘절' 등으로
잘못 쓰지 않도록 주의하세요.

✏️ **낱말을 바르게 따라 써 보세요.**

✏️ **문장을 바르게 따라 써 보세요.**

인	사	는		가	장		기	본	적	인
예	절	입	니	다	.					

인	사	는		가	장		기	본	적	인
예	절	입	니	다	.					

바른 글자 익히기

옛 날 옛적에

'옛날 옛적에'는 '매우 오래 전에'와 같은 뜻입니다. 동화나 이야기를 시작할 때 자주
등장하는 표현이죠. '옛날'을 '엣날', '얫날' 등으로 잘못 쓰지 않도록 주의하세요.

낱말을 바르게 따라 써 보세요.

문장을 바르게 따라 써 보세요.

옛	날		옛	적	에		토	끼	와	.
거	북	이	가		살	았	어	요	.	

옛	날		옛	적	에		토	끼	와	
거	북	이	가		살	았	어	요	.	

⭐ 바른 글자 익히기

교 과 서 는 꼭 챙겨야 해요.

'교과서'는 학교 수업시간에 사용하는 책입니다. '과'는 모음 'ㅗ'와 'ㅏ'가 합쳐진 모음입니다. '교과서'를 '교가서' 등으로 잘못 쓰지 않도록 주의하세요.

✏️ **낱말을 바르게 따라 써 보세요.**

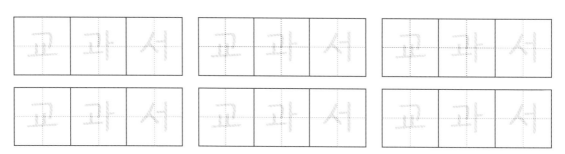

교	과	서		교	과	서		교	과	서
교	과	서		교	과	서		교	과	서

✏️ **문장을 바르게 따라 써 보세요.**

잠	을		자	기		전	에		교	과
서	를		가	방	에		넣	어	요	.

잠	을		자	기		전	에		교	과
서	를		가	방	에		넣	어	요	.

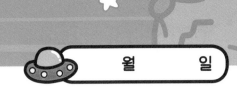
⭐바른 글자 익히기

소 방 관 / 경 찰 관

'ㅘ'는 모음 'ㅗ'와 'ㅏ'가 합쳐진 모음입니다. '소방관'을 '소방간', '경찰관'을 '경찰간' 등으로 잘못 쓰지 않도록 주의하세요.

✏️ **낱말을 바르게 따라 써 보세요.**

소	방	관

소	방	관

소	방	관

경	찰	관

경	찰	관

경	찰	관

✏️ **문장을 바르게 따라 써 보세요.**

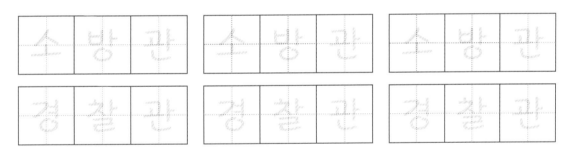

소	방	관	들	이		출	동	하	여	
화	재	를			진	압	했	어	요	.

소	방	관	들	이		출	동	하	여	
화	재	를			진	압	했	어	요	.

★ 바른 글자 익히기

'ㅘ'는 모음 'ㅗ'와 'ㅏ'가 합쳐진 모음입니다. '화장실'을 '하장실', '화요일'을 '하요일' 등으로 잘못 쓰지 않도록 주의하세요.

✏️ 낱말을 바르게 따라 써 보세요.

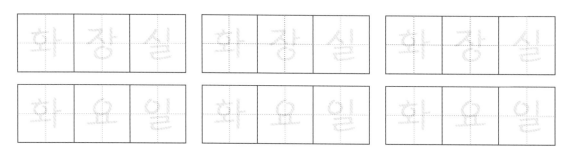

✏️ 문장을 바르게 따라 써 보세요.

밥	을		먹	기		전	에		화	장
실	에	서		손	을		씻	어	요	.

밥	을		먹	기		전	에		화	장
실	에	서		손	을		씻	어	요	.

재미있는 쓰기 활동

✏️ 빈칸에 공통적으로 들어갈 수 있는 모음을 적으세요.

1 'ㅔ'와 'ㅐ' 중에 무엇일까요?

ㅂ	개

대	ㅊ

※ 다시 한 번 써 보세요.

2 'ㅔ'와 'ㅖ' 중에 무엇일까요?

ㄱ	획

ㅇ	절

※ 다시 한 번 써 보세요.

3 'ㅏ'와 'ㅘ' 중에 무엇일까요?

교	ㄱ	서

ㅎ	장	실

※ 다시 한 번 써 보세요.

받아쓰기

🎧 받아쓰기 듣기

✏️ **문장을 잘 듣고 받아 써 보세요.** (정답 146쪽의 문장을 불러 주시거나 QR을 찍어 들려주세요.)

1

2

3

4

5

6

7

8

잘못 쓰기 쉬운 말

얼마큼, 며칠, 알맞은, 걸맞은

⭐ 바른 글자 익히기

얼 마 큼 공부를 해야 하나요?

'얼마큼'은 모르는 수량이나 정도를 나타내는 '얼마'와 비교 대상과 거의 비슷한 정도임을 나타내는 조사 '만큼'이 합쳐진 '얼마만큼'의 줄임말이에요. '얼만큼'으로 잘못 쓰지 않도록 주의하세요.

✏️ 낱말을 바르게 따라 써 보세요.

얼	마	큼
얼	마	큼

얼	마	큼
얼	마	큼

얼	마	큼
얼	마	큼

✏️ 문장을 바르게 따라 써 보세요.

너	는		우	리	나	라	에		대	해
얼	마	큼		알	고		있	니	?	

너	는		우	리	나	라	에		대	해
얼	마	큼		알	고		있	니	?	

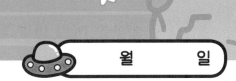
 바른 글자 익히기

며 칠 동안 아팠어요.

'며칠'은 '그 달의 몇 번째 날' 또는 '얼마 동안의 날'이라는 뜻이에요. '몇 월'이라고
쓰기 때문에 '몇 일'이라고 잘못 사용하고 있는 사람들이 많아요. '몇 일'로 잘못 쓰
지 않도록 주의하세요.

✏️ **낱말을 바르게 따라 써 보세요.**

며	칠

며	칠

며	칠

며	칠

며	칠

며	칠

✏️ **문장을 바르게 따라 써 보세요.**

오	늘	은		몇		월		며	칠	인
가	요	?								

오	늘	은		몇		월		며	칠	인
가	요	?								

⭐ 바른 글자 익히기

나들이하기에 알 맞 은 날씨

'알맞은'은 '일정한 기준에 넘치거나 모자라지 아니한 데가 있다'라는 뜻을 가진 '알맞다'에서 나온 형태입니다. '알맞는'으로 잘못 쓰지 않도록 주의하세요.

✏️ 낱말을 바르게 따라 써 보세요.

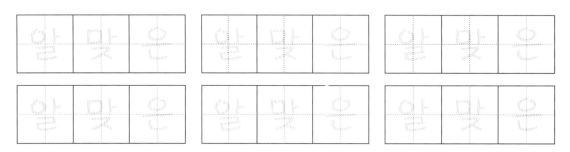

| 알 | 맞 | 은 | | 알 | 맞 | 은 | | 알 | 맞 | 은 |
| 알 | 맞 | 은 | | 알 | 맞 | 은 | | 알 | 맞 | 은 |

✏️ 문장을 바르게 따라 써 보세요.

| 빈 | 칸 | 에 | | 알 | 맞 | 은 | | 말 | 을 | |
| 넣 | 으 | 시 | 오 | . | | | | | | |

| 빈 | 칸 | 에 | | 알 | 맞 | 은 | | 말 | 을 | |
| 넣 | 으 | 시 | 오 | . | | | | | | |

★ 바른 글자 익히기

학예회에 **걸 맞 은** 옷을 입어요.

'걸맞은'은 '두 편을 견주어 볼 때 서로 어울릴 만큼 비슷하다'라는 뜻을 가진 '걸맞다'에서 나온 형태입니다. '걸맞는'으로 잘못 쓰지 않도록 주의하세요.

✏️ 낱말을 바르게 따라 써 보세요.

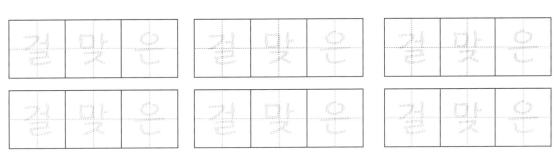

걸	맞	은

걸	맞	은

걸	맞	은

걸	맞	은

걸	맞	은

걸	맞	은

✏️ 문장을 바르게 따라 써 보세요.

분	위	기	에		걸	맞	은		음	악
이		나	왔	어	요	.				

분	위	기	에		걸	맞	은		음	악
이		나	왔	어	요	.				

담그다, 잠그다, 역할, 일부러

⭐ 바른 글자 익히기

시냇물에 발을 담 그 다 .

'담그다'는 '액체 속에 넣다', '김치나 젓갈 등을 만드는 재료를 버무리거나 물을 부어서 익도록 그릇에 넣어 두다'라는 뜻이에요. '담구다'로 잘못 쓰지 않도록 주의하세요. 과거형을 '담궜다'라고 잘못 쓸 수 있는데 '담갔다'가 올바른 표현입니다.

✏️ 낱말을 바르게 따라 써 보세요.

담	그	다

담	그	다

담	그	다

담	그	다

담	그	다

담	그	다

✏️ 문장을 바르게 따라 써 보세요.

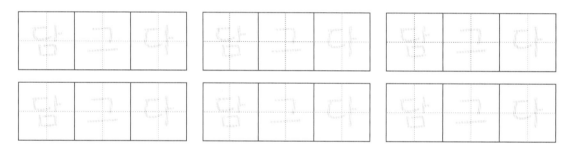

학	교	에	서		배	추	로		김	치
를		담	갔	다	.					

학	교	에	서		배	추	로		김	치
를		담	갔	다	.					

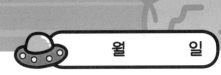
⭐ 바른 글자 익히기

현관문을 **잠 그 다** .

'잠그다'는 '열고 닫는 물건을 열지 못하도록 자물쇠를 채우거나 빗장을 걸다'라는 뜻이에요. '잠구다'로 잘못 쓰지 않도록 주의하세요. 과거형을 '잠궜다'라고 잘못 쓸 수 있는데 '잠갔다'가 올바른 표현입니다.

✏️ **낱말을 바르게 따라 써 보세요.**

잠	그	다

잠	그	다

잠	그	다

잠	그	다

잠	그	다

잠	그	다

✏️ **문장을 바르게 따라 써 보세요.**

사	물	함	을		자	물	쇠	로		잠
갔	다	.								

사	물	함	을		자	물	쇠	로		잠
갔	다	.								

⭐ 바른 글자 익히기

나는 진행자 **역 할** 을 맡았다.

'역할'은 '자기가 마땅히 하여야 할 맡은 바 직책이나 임무', '영화나 연극 따위에서 배우가 맡아서 하는 소임'이라는 뜻이에요. '역활'이라고 잘못 쓸 수 있는데 '역활'이라는 단어는 없습니다.

✏️ 낱말을 바르게 따라 써 보세요.

역	할
역	할

역	할
역	할

역	할
역	할

✏️ 문장을 바르게 따라 써 보세요.

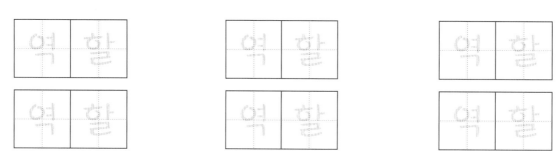

학	예	회		연	극	에	서		저	는
주	인	공		역	할	입	니	다	.	

학	예	회		연	극	에	서		저	는
주	인	공		역	할	입	니	다	.	

★ 바른 글자 익히기

 **찾아가다.**

'일부러'는 '어떤 목적이나 생각을 가지고 또는 마음을 내어 굳이', '알면서도 마음을 숨기고'라는 뜻이에요. '일부로'로 잘못 쓰지 않도록 주의하세요.

✏️ 낱말을 바르게 따라 써 보세요.

일	부	러

일	부	러

일	부	러

일	부	러

일	부	러

일	부	러

✏️ 문장을 바르게 따라 써 보세요.

나	는		일	부	러		그	녀	를
못		본		체		했	다	.	

나	는		일	부	러		그	녀	를
못		본		체		했	다	.	

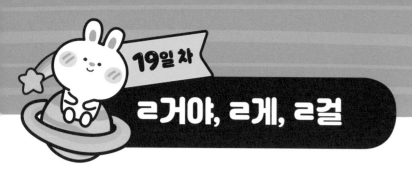

ㄹ거야, ㄹ게, ㄹ걸

⭐ 바른 글자 익히기

모두 잘 | 될 | 거 | 야 .

'거야'는 '것이야'를 줄인 말입니다. 그러나 '꺼야'라고 잘못 사용하고 있는 사람들이 있어요. '갈 꺼야', '할 꺼야'로 잘못 쓰지 않도록 주의하세요.

✏️ 낱말을 바르게 따라 써 보세요.

할		거	야

할		거	야

할		거	야

할		거	야

✏️ 문장을 바르게 따라 써 보세요.

계	획	된		일	을		다		하	고
나	서		놀		거	야	.			

계	획	된		일	을		다		하	고
나	서		놀		거	야	.			

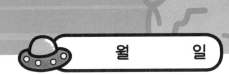
⭐ 바른 글자 익히기

나 먼저 **갈 게** .

'ㄹ게'는 '어떤 행동에 대한 약속이나 의지를 나타내는 말'로 끝맺을 때 쓰는 어미입니다. 그러나 'ㄹ께'라고 잘못 사용하고 있는 사람들이 있어요. '갈께', '할께'로 잘못 쓰지 않도록 주의하세요.

✏️ **낱말을 바르게 따라 써 보세요.**

갈	게
갈	게

갈	게
갈	게

갈	게
갈	게

✏️ **문장을 바르게 따라 써 보세요.**

이		책	만		다		읽	고		잘
게	요	.								

이		책	만		다		읽	고		잘
게	요	.								

⭐ 바른 글자 익히기

미리 **갈** **걸** 그랬네.

'ㄹ걸'은 '하지 않은 어떤 일에 대한 아쉬움을 나타내는' 말로 끝맺을 때 쓰는 어미입니다. 그러나 'ㄹ껄'이라고 잘못 사용하고 있는 사람들이 있어요. '갈껄', '할껄'로 잘못 쓰지 않도록 주의하세요.

✏️ **낱말을 바르게 따라 써 보세요.**

갈	걸

갈	걸

갈	걸

갈	걸

갈	걸

갈	걸

✏️ **문장을 바르게 따라 써 보세요.**

내	가		잘	못	했	다	고		먼	저
사	과	할	걸	.						

내	가		잘	못	했	다	고		먼	저
사	과	할	걸	.						

재미있는 쓰기 활동

밑줄 친 말이 바르게 쓰인 것에는 ○표, 잘못 쓰인 것에는 ×표 하세요. 잘못 쓰인 말은 바르게 고쳐 주세요.

❶ 마트에 갈 계획인데, <u>굳이</u> 같이가겠다면 그렇게 해. (　　)

※ 잘못된 말이라면, 바른 표현은 무엇인가요?

(　　　　　　　　　　　　)

❷ 오늘이 몇 월 <u>몇일</u>이야?　(　　)

※ 잘못된 말이라면, 바른 표현은 무엇인가요?

(　　　　　　　　　　　　)

❸ 오늘은 할머니 댁에 모여서 김치를 <u>담그는</u> 날입니다. (　　　)

※ 잘못된 말이라면, 바른 표현은 무엇인가요?

(　　　　　　　　　　　　)

❹ 학예회에서 제 <u>역활</u>은 나무꾼입니다. (　　　)

※ 잘못된 말이라면, 바른 표현은 무엇인가요?

(　　　　　　　　　　　　)

❺ 나는 이제 집에 <u>갈께.</u>　(　　　)

※ 잘못된 맞춤법이라면, 바른 표현은 무엇인가요?

(　　　　　　　　　　　　)

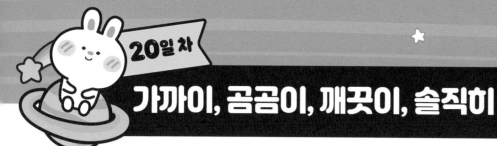
⭐ 바른 글자 익히기

강아지 곁으로 | 가 | 까 | 이 | 다가갔다.

'가까이'는 '한 지점에서 거리가 조금 떨어져 있는 상태로', '사람과 사람의 사이가 친밀한 상태로'라는 뜻이에요. 그러나 '가까히'라고 잘못 사용하고 있는 사람들이 있어요. '가까이'를 '가까히'로 잘못 쓰지 않도록 주의하세요.

✏️ 낱말을 바르게 따라 써 보세요.

가	까	이
가	까	이

가	까	이
가	까	이

가	까	이
가	까	이

✏️ 문장을 바르게 따라 써 보세요.

나	는		그	와		가	까	이		지
내	고		있	어	요	.				

나	는		그	와		가	까	이		지
내	고		있	어	요	.				

⭐ 바른 글자 익히기

| 곰 | 곰 | 이 | 생각에 잠기다.

'곰곰이'는 '여러모로 깊이 생각하는 모양'이라는 뜻이에요. [곰고미]로 소리 나지만, '곰곰이'로 적어야 해요. '곰곰히'라고 잘못 사용하고 있는 사람들이 있어요. '곰곰이'를 '곰곰히'로 잘못 쓰지 않도록 주의하세요.

✏️ 낱말을 바르게 따라 써 보세요.

곰	곰	이
곰	곰	이

곰	곰	이
곰	곰	이

곰	곰	이
곰	곰	이

✏️ 문장을 바르게 따라 써 보세요.

곰	곰	이		해	결		방	법	을	
생	각	해	요	.						

곰	곰	이		해	결		방	법	을	
생	각	해	요	.						

⭐ 바른 글자 익히기

몸을 깨 끗 이 씻어요.

'깨끗이'는 '사물이 더럽지 않게'라는 뜻이에요. [깨끄시]로 소리 나지만, '깨끗이'로 적어야 해요. '깨끗히'라고 잘못 사용하고 있는 사람들이 있어요. '깨끗이'를 '깨끗히'로 잘못 쓰지 않도록 주의하세요.

✏️ 낱말을 바르게 따라 써 보세요.

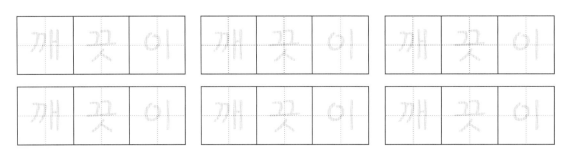

깨	끗	이

깨	끗	이

깨	끗	이

깨	끗	이

깨	끗	이

깨	끗	이

✏️ 문장을 바르게 따라 써 보세요.

정	말		방	을		깨	끗	이		치
웠	구	나	!							

정	말		방	을		깨	끗	이		치
웠	구	나	!							

★ 바른 글자 익히기

묻는 말에 솔 직 히 대답해요.

'솔직히'는 '거짓이나 숨김이 없어 바르고 곧게'라는 뜻이에요. [솔찌키]와 같이 소리
나므로, '솔직히'와 같이 적어요. '솔직이'라고 잘못 사용하고 있는 사람들이 있어요.
'솔직히'를 '솔직이'로 잘못 쓰지 않도록 주의하세요.

✏️ 낱말을 바르게 따라 써 보세요.

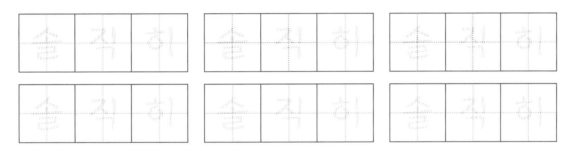

✏️ 문장을 바르게 따라 써 보세요.

솔	직	히		말	해	서		배	가
정	말		고	파	요	.			

솔	직	히		말	해	서		배	가
정	말		고	파	요	.			

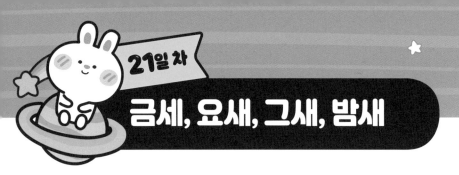

금세, 요새, 그새, 밤새

⭐ 바른 글자 익히기

소문이 **금 세** 퍼졌다.

'금세'는 '지금 바로'라는 뜻으로 '금시에'가 줄어든 말입니다. 그러나 '금새'라고 잘못 사용하고 있는 사람들이 있어요. 금새는 '물건의 값'이라는 뜻을 가진 다른 단어입니다. '금세'를 '금새'로 잘못 쓰지 않도록 주의하세요.

✏️ 낱말을 바르게 따라 써 보세요.

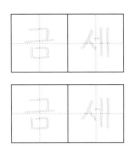

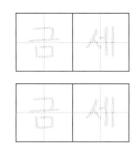

✏️ 문장을 바르게 따라 써 보세요.

약	을		먹	었	더	니		금	세	
괜	찮	아	졌	어	요	.				

약	을		먹	었	더	니		금	세	
괜	찮	아	졌	어	요	.				

★ 바른 글자 익히기

  키가 확 컸어요.

'요새'는 '이제까지의 매우 짧은 동안'이라는 뜻으로 '요사이'가 줄어든 말입니다.
그러나 '요세'라고 잘못 사용하고 있는 사람들이 있어요. '요새'를 '요세'로 잘못
쓰지 않도록 주의하세요.

낱말을 바르게 따라 써 보세요.

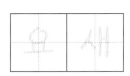

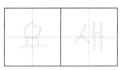

문장을 바르게 따라 써 보세요.

요	새		집	에	만		있	었	더	니
살	이		쪄	고		있	어	요	.	

요	새		집	에	만		있	었	더	니
살	이		쪄	고		있	어	요	.	

★ 바른 글자 익히기

몇 년 못 봤더니   많이 성장했구나.

'그새'는 '조금 멀어진 어느 때부터 어느 때까지의 비교적 짧은 동안'이라는 뜻으로 '그사이'가 줄어든 말입니다. 그러나 '그세'라고 잘못 사용하고 있는 사람들이 있어요. '그새'를 '그세'로 잘못 쓰지 않도록 주의하세요.

낱말을 바르게 따라 써 보세요.

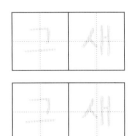 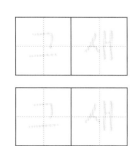 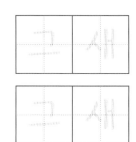

문장을 바르게 따라 써 보세요.

| 조 | 금 | 을 | | 못 | | 기 | 다 | 리 | 고 |
| 그 | 새 | | 가 | | 버 | 리 | 다 | 니 | . |

| 조 | 금 | 을 | | 못 | | 기 | 다 | 리 | 고 |
| 그 | 새 | | 가 | | 버 | 리 | 다 | 니 | . |

⭐ 바른 글자 익히기

밤 새 안녕하셨습니까?

'밤새'는 '밤이 지나는 동안'이라는 뜻으로 '밤사이'가 줄어든 말입니다. 그러나 '밤세'라고 잘못 사용하고 있는 사람들이 있어요. '밤새'를 '밤세'로 잘못 쓰지 않도록 주의하세요.

✏️ 낱말을 바르게 따라 써 보세요.

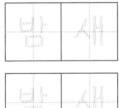

✏️ 문장을 바르게 따라 써 보세요.

배	가		아	파	서		밤	새		잠
을		못		잤	어	요	.			

몸	이		아	파	서		밤	새		잠
을		못		잤	어	요	.			

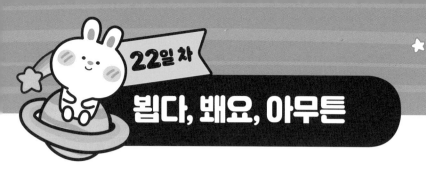

뵙다, 봬요, 아무튼

★ 바른 글자 익히기

교장 선생님을 　뵙　　다　.

'뵙다'는 '웃어른을 대하여 보다'라는 뜻으로 '뵈다'보다 더 겸손의 뜻을 나타내는 말입니다. 그러나 '봽다'라고 잘못 사용하고 있는 사람들이 있어요. '뵙다'를 '봽다'로 잘못 쓰지 않도록 주의하세요.

✏️ 낱말을 바르게 따라 써 보세요.

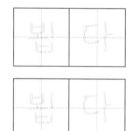
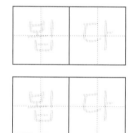

뵙	다

뵙	다

뵙	다

뵙	다

뵙	다

뵙	다

✏️ 문장을 바르게 따라 써 보세요.

이	렇	게		직	접		뵙	게		되
어		영	광	입	니	다	.			

이	렇	게		직	접		뵙	게		되
어		영	광	입	니	다	.			

⭐ 바른 글자 익히기

선생님, 내일 **봬** **요** .

'봬요'는 '뵈어요'가 줄어든 말입니다. 그러나 '뵈요'라고 잘못 사용하고 있는
사람들이 있어요. '봬요'를 '뵈요'로 잘못 쓰지 않도록 주의하세요.

✏️ 낱말을 바르게 따라 써 보세요.

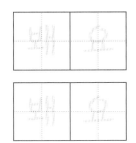 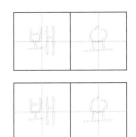 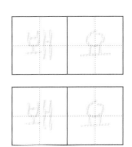

✏️ 문장을 바르게 따라 써 보세요.

나	는		할	머	니	,	할	아	버	지
를			자	주		봬	요	.		

나	는		할	머	니	,	할	아	버	지
를			자	주		봬	요	.		

⭐ 바른 글자 익히기

아 무 튼 다치지 않아서 다행이다.

'아무튼'은 '의견이나 일의 성질, 형편, 상태 따위가 어떻게 되어 있든'이라는 뜻이
에요. 그러나 '아뭏든'이라고 잘못 사용하고 있는 사람들이 있어요. '아뭏든', '아
뭇흔'으로 잘못 쓰지 않도록 주의하세요.

✏️ 낱말을 바르게 따라 써 보세요.

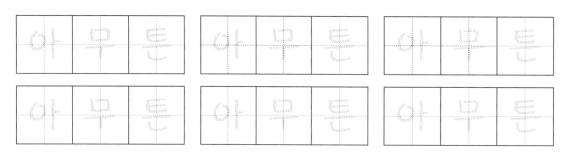

아	무	튼		아	무	튼		아	무	튼
아	무	튼		아	무	튼		아	무	튼

✏️ 문장을 바르게 따라 써 보세요.

다	치	지	는		않	겠	지	만	,		아
무	튼		조	심	해	서		해	.		

다	치	지	는		않	겠	지	만	,		아
무	튼		조	심	해	서		해	.		

재미있는 쓰기 활동

✏️ 바르게 쓴 낱말을 찾아 색칠하고, 무슨 모양인지 찾아 보세요.

가까이	그세	뵈요	깨끗히
봬요	가까히	곰곰히	밤세
곰곰이	요세	밤세	뵙다
금세	아뭏든	솔직이	암튼
솔직히	뵙다	깨끗이	요새

✏️ 어떤 자음 모양인가요?

(   )

받아쓰기

🎧 받아쓰기 듣기

✏️ **문장을 잘 듣고 받아 써 보세요.** (정답 146쪽의 문장을 불러 주시거나 QR을 찍어 들려주세요.)

1

2

3

4

5

6

7

8

6단원

뜻에 맞게
구별해서
써야 할 말

가르치다 / 가리키다, 날다 / 나르다

⭐ 바른 글자 익히기

선생님이 학생들을 | 가 | 르 | 치 | 다 |.

'가르치다'는 '지식이나 기능, 이치 따위를 깨닫게 하거나 익히게 하다'라는 뜻이에요. '가리키다'와 헷갈려 하는 사람들이 있어요. '가르치다'를 '가리키다'로 잘못 쓰지 않도록 주의하세요.

✏️ 낱말을 바르게 따라 써 보세요.

가	르	치	다
가	르	치	다

가	르	치	다
가	르	치	다

✏️ 문장을 바르게 따라 써 보세요.

저	는		동	생	에	게		한	글	을
가	르	치	고		있	어	요	.		

저	는		동	생	에	게		한	글	을
가	르	치	고		있	어	요	.		

⭐ 바른 글자 익히기

손으로 방향을 **가 리 키 다** .

'가리키다'는 '손가락 따위로 어떤 방향이나 대상을 집어서 보이거나 말하거나 알리다'라는 뜻이에요. 그러나 '가르치다'와 헷갈려 하는 사람들이 있어요. '가리키다'를 '가르치다'로 잘못 쓰지 않도록 주의하세요.

✏️ 낱말을 바르게 따라 써 보세요.

가	리	키	다
가	리	키	다

가	리	키	다
가	리	키	다

✏️ 문장을 바르게 따라 써 보세요.

선	생	님	께	서	는		칠	판	을	
가	리	키	고		계	셨	다	.		

선	생	님	께	서	는		칠	판	을	
가	리	키	고		계	셨	다	.		

⭐ **바른 글자 익히기**

새가 하늘을 　날　다　.

'날다'는 '공중에 떠서 어떤 위치에서 다른 위치로 움직이다'라는 뜻이에요. '나르다'와 헷갈려 하는 사람들이 있어요. '날다'를 '나르다'로 잘못 쓰지 않도록 주의하세요.

✏️ **낱말을 바르게 따라 써 보세요.**

날	다
날	다

날	다
날	다

날	다
날	다

✏️ **문장을 바르게 따라 써 보세요.**

비	행	기	를		타	고		하	늘	을
날	아	요	.							

비	행	기	를		타	고		하	늘	을
날	아	요	.							

물건을 나 르 다 .

'나르다'는 '물건을 한 곳에서 다른 곳으로 옮기다'라는 뜻이에요. '날다'와 헷갈려 하는 사람들이 있어요. '나르다'를 '날다'로 잘못 쓰지 않도록 주의하세요.

✏️ **낱말을 바르게 따라 써 보세요.**

나	르	다		나	르	다		나	르	다
나	르	다		나	르	다		나	르	다

✏️ **문장을 바르게 따라 써 보세요.**

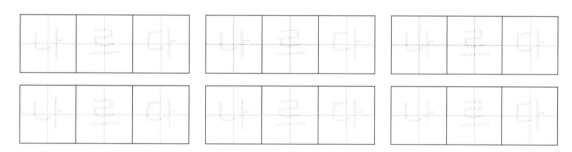

수	레	를		이	용	해		물	건	을
날	라	요	.							

수	레	를		이	용	해		물	건	을
날	라	요	.							

다르다 / 틀리다, 다치다 / 닫히다

⭐ 바른 글자 익히기

너와 나는 [다] [르] [다].

'다르다'는 '서로 같지 않다'라는 뜻이에요. 그러나 다른 뜻을 가진 '틀리다'와 헷갈려 하는 사람들이 있어요. 잘못 쓰지 않도록 주의하세요.

✏️ 낱말을 바르게 따라 써 보세요.

다	르	다

다	르	다

다	르	다

다	르	다

다	르	다

다	르	다

✏️ 문장을 바르게 따라 써 보세요.

쌍	둥	이	여	도		서	로		성	격
이		달	라	요	.					

쌍	둥	이	여	도		서	로		성	격
이		달	라	요	.					

⭐ 바른 글자 익히기

정답이 **틀** **리** **다** .

'틀리다'는 '맞지 않다', '셈이나 사실 따위가 그르게 되거나 어긋나다'라는 뜻이에
요. 그러나 다른 뜻을 가진 '다르다'와 헷갈려 하는 사람들이 있어요. 잘못 쓰지 않
도록 주의하세요.

✏️ **낱말을 바르게 따라 써 보세요.**

틀	리	다

틀	리	다

틀	리	다

틀	리	다

틀	리	다

틀	리	다

✏️ **문장을 바르게 따라 써 보세요.**

동	생	은		받	아	쓰	기		문	제
를		많	이		틀	린	다	.		

동	생	은		받	아	쓰	기		문	제
를		많	이		틀	린	다	.		

⭐ 바른 글자 익히기

팔을 다 치 다 .

'다치다'는 '부딪치거나 맞거나 하여 신체에 상처가 생기다 또는 상처를 입다'라는 뜻이에요. '닫히다'와 헷갈려 하는 사람들이 있어요. '다치다'를 '닫히다'로 잘못 쓰지 않도록 주의하세요.

낱말을 바르게 따라 써 보세요.

다	치	다

다	치	다

다	치	다

다	치	다

다	치	다

다	치	다

문장을 바르게 따라 써 보세요.

넘	어	져	서		무	릎	을		다	쳤
어	요	.								

넘	어	져	서		무	릎	을		다	쳤
어	요	.								

★ 바른 글자 익히기

바람이 불어 창문이 **닫 히 다** .

'닫히다'는 '열린 문짝, 뚜껑, 서랍 따위가 도로 제자리로 가 막히다'라는 뜻이에
요. '다치다'와 헷갈려 하는 사람들이 있어요. '닫히다'를 '다치다'로 잘못 쓰지 않
도록 주의하세요.

✏️ **낱말을 바르게 따라 써 보세요.**

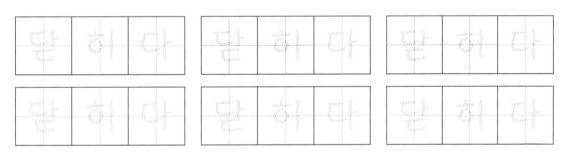

닫	히	다

닫	히	다

닫	히	다

닫	히	다

닫	히	다

닫	히	다

✏️ **문장을 바르게 따라 써 보세요.**

뚜	껑	이		너	무		꽉		닫	혀
서		열		수	가		없	어	요	.

뚜	껑	이		너	무		꽉		닫	혀
서		열		수	가		없	어	요	.

작다 / 적다, 크다 / 많다

⭐ 바른 글자 익히기

동생은 나보다 키가 **작 다** .

'작다'는 '크기(길이, 넓이 등)가 비교 대상이나 보통보다 덜하다'라는 뜻으로 '크다'의 반대말입니다. 쓰임이 다른 '적다'와 헷갈려 하는 사람들이 있어요. '작다'를 '적다'로 잘못 쓰지 않도록 주의하세요.

✏️ **낱말을 바르게 따라 써 보세요.**

작	다

작	다

작	다

작	다

작	다

작	다

✏️ **문장을 바르게 따라 써 보세요.**

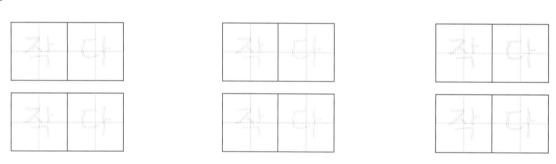

우	리		학	교	는		운	동	장	이
작	아	요.								

우	리		학	교	는		운	동	장	이
작	아	요.								

★ 바른 글자 익히기

간식의 양이 **적 다** .

말풍선: '작다', '적다' 자리에 '크다'를 넣어 보면 쉽게 구분할 수 있어요.

'적다'는 '수나 양이 일정한 기준에 미치지 못하다'라는 뜻으로 '많다'의 반대말입니다. 쓰임이 다른 '작다'와 헷갈려 하는 사람들이 있어요. '적다'를 '작다'로 잘못 쓰지 않도록 주의하세요.

✏️ 낱말을 바르게 따라 써 보세요.

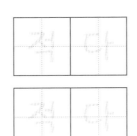
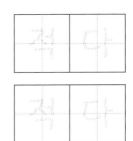

적	다		적	다		적	다

적	다		적	다		적	다

✏️ 문장을 바르게 따라 써 보세요.

우	리		반	은		남	학	생	보	다
여	학	생	이		적	어	요	.		

우	리		반	은		남	학	생	보	다
여	학	생	이		적	어	요	.		

⭐ 바른 글자 익히기

나는 동생보다 키가 크 다 .

'크다'는 '크기(길이, 넓이 등)가 비교 대상이나 보통을 넘다'라는 뜻으로 '작다'의 반대말입니다. 쓰임이 다른 '많다'와 헷갈려 하는 사람들이 있어요. '크다'를 '많다'로 잘못 쓰지 않도록 주의하세요.

✏️ 낱말을 바르게 따라 써 보세요.

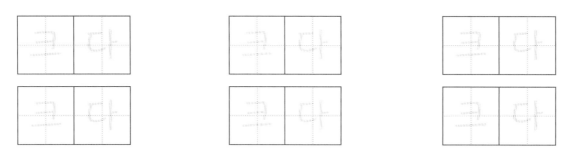

✏️ 문장을 바르게 따라 써 보세요.

| 아 | 기 | 의 | | 눈 | 이 | | 엄 | 청 | | 커 |
| 요 | . | | | | | | | | | |

| 아 | 기 | 의 | | 눈 | 이 | | 엄 | 청 | | 커 |
| 요 | . | | | | | | | | | |

★ 바른 글자 익히기

책이 **많** **다**.

'작다', '적다' 자리에
'크다'를 넣어 보면
쉽게 구분할 수 있어요.

'많다'는 '수나 양이 일정한 기준을 넘다'라는 뜻으로 '적다'의 반대말입니다. 쓰임이 다른 '크다'와 헷갈려 하는 사람들이 있어요. '많다'를 '크다'로 잘못 쓰지 않도록 주의하세요.

✏️ 낱말을 바르게 따라 써 보세요.

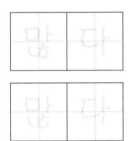

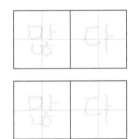

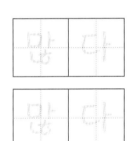

✏️ 문장을 바르게 따라 써 보세요.

저	는		친	한		친	구	들	이	
많	아	요	.							
저	는		친	한		친	구	들	이	
많	아	요	.							

마치다 / 맞히다 / 맞추다

⭐ **바른 글자 익히기**

숙제를 | 마 | 치 | 다 |.

'마치다'는 '어떤 일이나 과정, 절차 따위가 끝나다'라는 뜻이에요. 뜻이 완전히 다른 '맞히다', '맞추다'와 헷갈려 하는 사람들이 있어요. '마치다'를 '맞히다', '맞추다'로 잘못 쓰지 않도록 주의하세요.

✏️ **낱말을 바르게 따라 써 보세요.**

마	치	다		마	치	다		마	치	다
마	치	다		마	치	다		마	치	다

✏️ **문장을 바르게 따라 써 보세요.**

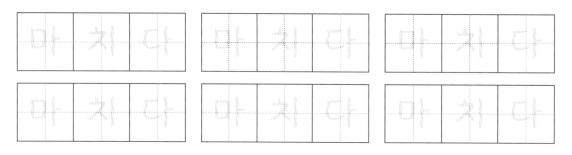

오	늘		해	야		할		일	을	
다		마	쳤	어	요	.				

오	늘		해	야		할		일	을	
다		마	쳤	어	요	.				

122

⭐ 바른 글자 익히기

정답을 맞 히 다.

'맞히다'는 '정답을 맞게 하다, 물체를 던져서 어떤 물체에 닿게 하다'라는 뜻이에요. 뜻이 완전히 다른 '마치다', '맞추다'와 헷갈려 하는 사람들이 있어요. '맞히다'를 '마치다', '맞추다'로 잘못 쓰지 않도록 주의하세요.

✏️ **낱말을 바르게 따라 써 보세요.**

맞	히	다		맞	히	다		맞	히	다
맞	히	다		맞	히	다		맞	히	다

✏️ **문장을 바르게 따라 써 보세요.**

공	을		던	져	서		목	표	물	을
맞	혔	어	요	.						

공	을		던	져	서		목	표	물	을
맞	혔	어	요	.						

⭐ 바른 글자 익히기

퍼즐 조각을 맞 추 다 .

'맞추다'는 '서로 떨어져 있는 부분을 맞게 대어 붙이다, 둘 이상의 대상을 나란히 놓고 비교하다'라는 뜻이에요. 뜻이 완전히 다른 '마치다', '맞히다'와 헷갈려 하는 사람들이 있어요. 잘못 쓰지 않도록 주의하세요.

✏️ 낱말을 바르게 따라 써 보세요.

맞	추	다		맞	추	다		맞	추	다
맞	추	다		맞	추	다		맞	추	다

✏️ 문장을 바르게 따라 써 보세요.

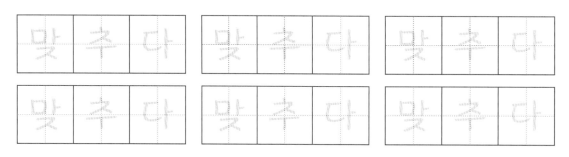

친	구	들	과		서	로		정	답	을
맞	추	어		봐	요	.				
친	구	들	과		서	로		정	답	을
맞	추	어		봐	요	.				

재미있는 쓰기 활동

✏️ **학생이 받아쓰기를 한 공책입니다. 틀린 것을 바르게 고쳐 쓰세요.**

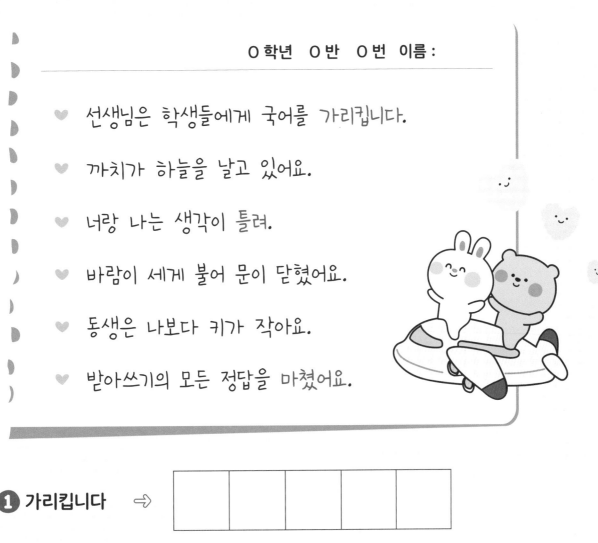

○학년 ○반 ○번 이름:

♥ 선생님은 학생들에게 국어를 가리킵니다.

♥ 까치가 하늘을 날고 있어요.

♥ 너랑 나는 생각이 틀려.

♥ 바람이 세게 불어 문이 닫혔어요.

♥ 동생은 나보다 키가 작아요.

♥ 받아쓰기의 모든 정답을 마쳤어요.

❶ 가리킵니다 ⇨

❷ 틀려 ⇨

❸ 마쳤어요 ⇨

바치다 / 받치다, 부치다 / 붙이다

⭐ 바른 글자 익히기

목숨을 바 치 다 .

'바치다'는 '웃어른께 정중하게 드린다'라는 뜻이에요. 뜻이 완전히 다른 '받치다'와 헷갈려 하는 사람들이 있어요. '바치다'를 '받치다'로 잘못 쓰지 않도록 주의하세요.

✏️ 낱말을 바르게 따라 써 보세요.

바	치	다
바	치	다

바	치	다
바	치	다

바	치	다
바	치	다

✏️ 문장을 바르게 따라 써 보세요.

이		영	광	을		부	모	님	께
바	칩	니	다	.					

이		영	광	을		부	모	님	께
바	칩	니	다	.					

⭐ 바른 글자 익히기

쟁반에 음식을 **받** **치** **다** .

'받치다'는 '물건의 밑이나 옆 따위에 다른 물건을 댄다'라는 뜻이에요. 뜻이 완전히 다른 '바치다'와 헷갈려 하는 사람들이 있어요. '받치다'를 '바치다'로 잘못 쓰지 않도록 주의하세요.

✏️ 낱말을 바르게 따라 써 보세요.

받	치	다		받	치	다		받	치	다
받	치	다		받	치	다		받	치	다

✏️ 문장을 바르게 따라 써 보세요.

책	받	침	을		받	치	고		글	씨
를		써	요	.						

책	받	침	을		받	치	고		글	씨
를		써	요	.						

⭐ 바른 글자 익히기

편지를 **부 치 다** .

'부치다'는 '편지나 물건 따위를 일정한 수단이나 방법을 써서 상대에게로 보내다'라는 뜻이에요. 뜻이 완전히 다른 '붙이다'와 헷갈려 하는 사람들이 있어요. '부치다'를 '붙이다'로 잘못 쓰지 않도록 주의하세요.

✏️ 낱말을 바르게 따라 써 보세요.

부	치	다		부	치	다		부	치	다
부	치	다		부	치	다		부	치	다

✏️ 문장을 바르게 따라 써 보세요.

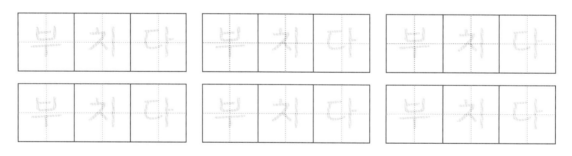

선	물	을		사	서		택	배	로
부	쳤	어	요	.					

선	물	을		사	서		택	배	로
부	쳤	어	요	.					

 **바른 글자 익히기**

스티커를 붙이다.

'붙이다'는 '맞닿아 떨어지지 않게 하다'라는 뜻이에요. 뜻이 완전히 다른 '부치다'
와 헷갈려 하는 사람들이 있어요. '붙이다'를 '부치다'로 잘못 쓰지 않도록 주의하
세요.

✏️ 낱말을 바르게 따라 써 보세요.

붙	이	다		붙	이	다		붙	이	다
붙	이	다		붙	이	다		붙	이	다

✏️ 문장을 바르게 따라 써 보세요.

가	위	로		자	르	고	,	풀	로	
붙	여	요	.							

가	위	로		자	르	고	,	풀	로	
붙	여	요	.							

시키다 / 식히다, 짓다 / 짖다

⭐ **바른 글자 익히기**

심부름을 시 키 다 .

'시키다'는 '어떤 일이나 행동을 하게 하다'라는 뜻이에요. 뜻이 다른 '식히다'와 헷갈려 하는 사람들이 있어요. '시키다'를 '식히다'로 잘못 쓰지 않도록 주의하세요.

✏️ **낱말을 바르게 따라 써 보세요.**

시	키	다
시	키	다

시	키	다
시	키	다

시	키	다
시	키	다

✏️ **문장을 바르게 따라 써 보세요.**

각	자		방		청	소	를		시	켰
어	요	.								

각	자		방		청	소	를		시	켰
어	요	.								

⭐ 바른 글자 익히기

뜨거운 물을 식 히 다 .

'식히다'는 '더운 기를 없애다'라는 뜻이에요. 뜻이 다른 '시키다'와 헷갈려 하는
사람들이 있어요. '식히다'를 '시키다'로 잘못 쓰지 않도록 주의하세요.

✏️ 낱말을 바르게 따라 써 보세요.

식	히	다		식	히	다		식	히	다
식	히	다		식	히	다		식	히	다

✏️ 문장을 바르게 따라 써 보세요.

여	름	에	는		아	이	스	크	림	으
로		더	위	를		식	혀	요	.	

여	름	에	는		아	이	스	크	림	으
로		더	위	를		식	혀	요	.	

⭐ **바른 글자 익히기**

집을 짓다.

'짓다'는 '재료를 들여 밥, 옷, 집 따위를 만들다, 글을 쓰다'라는 뜻이에요. 뜻이 다른 '짖다'와 헷갈려 하는 사람들이 있어요. '짓다'를 '짖다'로 잘못 쓰지 않도록 주의하세요.

✏️ **낱말을 바르게 따라 써 보세요.**

짓	다
짓	다

짓	다
짓	다

짓	다
짓	다

✏️ **문장을 바르게 따라 써 보세요.**

국	어		시	간	에		글	짓	기	를
배	웠	어	요	.						

국	어		시	간	에		글	짓	기	를
배	웠	어	요	.						

강아지가   .

'짖다'는 '개가 목청으로 소리를 내거나 새들이 울면서 지저귄다'라는 뜻이에요. 뜻이 다른 '짓다'와 헷갈려 하는 사람들이 있어요. '짖다'를 '짓다'로 잘못 쓰지 않도록 주의하세요.

✏️ **낱말을 바르게 따라 써 보세요.**

짖	다
짖	다

짖	다
짖	다

짖	다
짖	다

✏️ **문장을 바르게 따라 써 보세요.**

개	는		'명	명'		소	리	
내	어		짖	어	요	.		

개	는		'명	명'		소	리	
내	어		짖	어	요	.		

⭐ 바른 글자 익히기

인형을 품에 **안** **다** .

'안다'는 '두 팔을 벌려 가슴 쪽으로 끌어당기거나 그렇게 하여 품 안에 있게 하다'
라는 뜻이에요. 뜻이 다른 '앉다'와 헷갈려 하는 사람들이 있어요. '안다'를 '앉다'
로 잘못 쓰지 않도록 주의하세요.

✏️ 낱말을 바르게 따라 써 보세요.

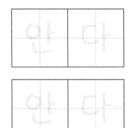

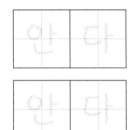

안	다
안	다

✏️ 문장을 바르게 따라 써 보세요.

아	이	를		안	아	서		의	자	에
앉	히	다	.							

아	이	를		안	아	서		의	자	에
앉	히	다	.							

★ 바른 글자 익히기

의자에 앉 다 .

'앉다'는 '엉덩이에 몸무게를 실어 다른 물건이나 바닥에 몸을 올려놓다'라는 뜻이에요. 뜻이 다른 '안다'와 헷갈려 하는 사람들이 있어요. '앉다'를 '안다'로 잘못 쓰지 않도록 주의하세요.

낱말을 바르게 따라 써 보세요.

앉	다
앉	다

앉	다
앉	다

앉	다
앉	다

문장을 바르게 따라 써 보세요.

모	두		자	리	에		바	르	게
앉	으	세	요	.					

모	두		자	리	에		바	르	게
앉	으	세	요	.					

⭐ 바른 글자 익히기

약속을 **잊 다** .

'잊다'는 '기억을 하지 못한다'라는 뜻이에요. 뜻이 다른 '잃다'와 헷갈려 하는 사람들이 있어요. '잊다'를 '잃다'로 잘못 쓰지 않도록 주의하세요.

✏️ 낱말을 바르게 따라 써 보세요.

잊	다
잊	다

잊	다
잊	다

잊	다
잊	다

✏️ 문장을 바르게 따라 써 보세요.

숙	제	가		잊	다	는		것	을	
깜	빡		잊	어	버	렸	다	.		

숙	제	가		잊	다	는		것	을	
깜	빡		잊	어	버	렸	다	.		

★ 바른 글자 익히기

길을 [잃] [다] .

'잃다'는 '가지고 있는 것이 없어졌다'라는 뜻이에요. 뜻이 다른 '잊다'와 헷갈려 하는
사람들이 있어요. '잃다'를 '잊다'로 잘못 쓰지 않도록 주의하세요.

✏️ 낱말을 바르게 따라 써 보세요.

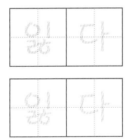

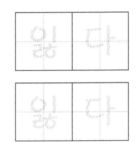

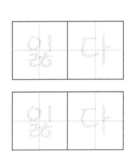

✏️ 문장을 바르게 따라 써 보세요.

| 지 | 하 | 철 | 에 | 서 | | 가 | 방 | 을 | | 잃 |
| 어 | 버 | 렸 | 다 | . | | | | | | |

| 지 | 하 | 철 | 에 | 서 | | 가 | 방 | 을 | | 잃 |
| 어 | 버 | 렸 | 다 | . | | | | | | |

버리다 / 벌리다 / 벌이다

⭐ 바른 글자 익히기

휴지를 휴지통에 | 버 | 리 | 다 | .

'버리다'는 '지니고 있을 필요가 없는 물건을 내던지거나 하다, 못된 성격이나 버릇 따위를 없애다'라는 뜻이에요. 뜻이 다른 '벌리다', '벌이다'와 헷갈려 하는 사람들이 있어요. 잘못 쓰지 않도록 주의하세요.

✏️ 낱말을 바르게 따라 써 보세요.

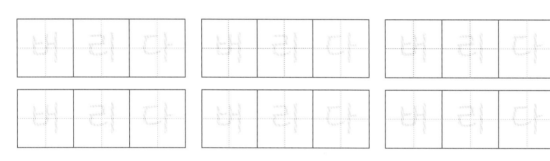

버	리	다
버	리	다

버	리	다
버	리	다

버	리	다
버	리	다

✏️ 문장을 바르게 따라 써 보세요.

내	일	로		미	루	는		습	관	을
버	리	고		싶	어	요	.			

내	일	로		미	루	는		습	관	을
버	리	고		싶	어	요	.			

138

⭐ 바른 글자 익히기

거리두기로 인해 간격을 벌 리 다 .

'벌리다'는 '둘 사이를 넓히거나 멀게 하다'라는 뜻이에요. 뜻이 다른 '버리다', '벌이다'와 헷갈려 하는 사람들이 있어요. '벌리다'를 '버리다', '벌이다'로 잘못 쓰지 않도록 주의하세요.

✏️ 낱말을 바르게 따라 써 보세요.

벌	리	다

벌	리	다

벌	리	다

벌	리	다

벌	리	다

벌	리	다

✏️ 문장을 바르게 따라 써 보세요.

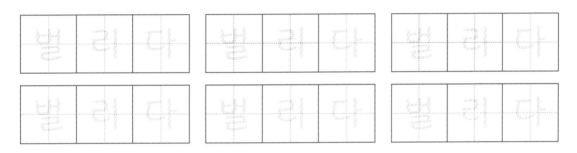

입	을		벌	리	고		하	품	을
했	어	요	.						

입	을		벌	리	고		하	품	을
했	어	요	.						

★ 바른 글자 익히기

생일파티를 벌 이 다 .

'벌이다'는 '일을 계획하여 시작하거나 펼쳐 놓다'라는 뜻이에요. 뜻이 다른 '벌리다', '버리다'와 헷갈려 하는 사람들이 있어요. '벌이다'를 '벌리다', '버리다'로 잘못 쓰지 않도록 주의하세요.

✏️ 낱말을 바르게 따라 써 보세요.

벌	이	다		벌	이	다		벌	이	다
벌	이	다		벌	이	다		벌	이	다

✏️ 문장을 바르게 따라 써 보세요.

친	구	들	이		토	론	을		벌	이
고		있	어	요	.					

친	구	들	이		토	론	을		벌	이
고		있	어	요	.					

재미있는 쓰기 활동

✎ 학생이 받아쓰기를 한 공책입니다. 틀린 것을 바르게 고쳐 쓰세요.

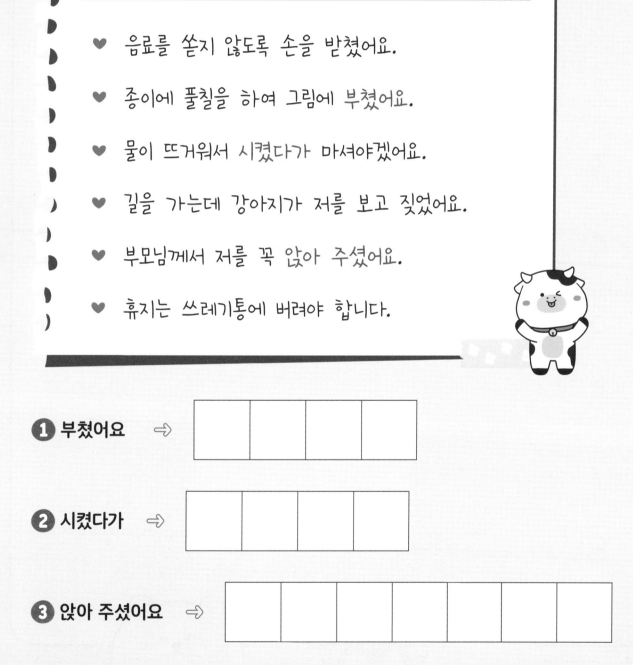

○학년 ○반 ○번 이름:

♥ 음료를 쏟지 않도록 손을 받쳤어요.

♥ 종이에 풀칠을 하여 그림에 부쳤어요.

♥ 물이 뜨거워서 시켰다가 마셔야겠어요.

♥ 길을 가는데 강아지가 저를 보고 짖었어요.

♥ 부모님께서 저를 꼭 앉아 주셨어요.

♥ 휴지는 쓰레기통에 버려야 합니다.

❶ 부쳤어요 ⇨ ☐ ☐ ☐ ☐

❷ 시켰다가 ⇨ ☐ ☐ ☐ ☐

❸ 앉아 주셨어요 ⇨ ☐ ☐ ☐ ☐ ☐ ☐

받아쓰기

♪ 받아쓰기 듣기

✏️ **문장을 잘 듣고 받아 써 보세요.** (정답 146쪽의 문장을 불러 주시거나 QR을 찍어 들려주세요.)

1

2

3

4

5

6

7

8

정답지

23쪽

35쪽

43쪽

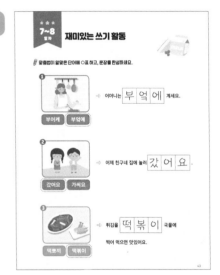

57쪽

67쪽

81쪽

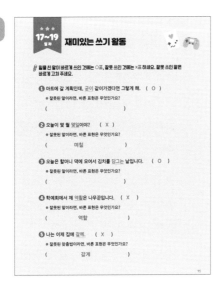

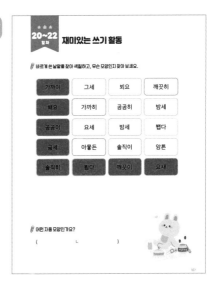

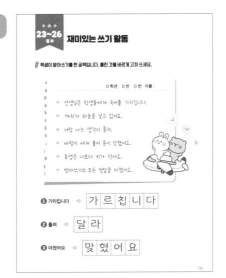

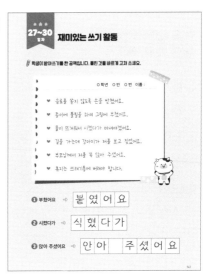

1단원

1. 어제저녁에 따뜻한 물로 목욕을 했어요.
2. 목이 아파서 병원에 갔어요.
3. 이 책의 지은이는 누구인가요?
4. 집에 오면 현관문을 닫아요.
5. 내일은 음악 수업이 있어요.
6. 내 짝꿍은 항상 예쁘게 웃어요.
7. 복도에서 넘어져서 무릎에 피가 나요.
8. 볶음밥과 떡볶이를 맛있게 먹었어요.

2단원

1. 부엌에 가면 맛있는 음식이 있어요.
2. 해 질 녘 노을이 참 아름다웠다.
3. 미용실에 가서 머리를 깎았어요.
4. 하얀 깃발이 펄럭이고 있었다.
5. 내 동생은 낮잠을 잔다.
6. 두꺼운 솥뚜껑에 고기를 구웠다.
7. 무릎 보호대를 착용해요.
8. 많은 동물이 숲에 살고 있어요.

3단원

1. 월요일은 학교에 가는 날입니다.
2. 책상 위에 교과서를 올려요.
3. 할아버지와 할머니께 안부를 묻다.
3. 접시가 깨지지 않도록 조심해요.
4. 눈이 아프면 안과를 가야 해요.
5. 소풍을 가서 김밥을 맛있게 먹었어요.
7. 공공장소에서는 질서를 지켜야 해요.
8. 접시에 김밥을 담았어요.

4단원

1. 친구와 베개를 던지며 놀았어요.
2. 된장찌개 만드는 방법을 배웠어요.
3. 대체 너는 무엇을 먹고 싶은 거니?
4. 저녁을 먹고 나서 책을 읽을 계획입니다.
5. 인사는 가장 기본적인 예절입니다.
6. 잠을 자기 전에 교과서를 가방에 넣어요.
7. 소방관들이 출동하여 화재를 진압했어요.
8. 밥을 먹기 전에 화장실에서 손을 씻어요.

5단원

1. 너는 우리나라에 대해 얼마큼 알고 있니?
2. 오늘은 몇 월 며칠인가요?
3. 빈칸에 알맞은 말을 넣으시오.
4. 학예회 연극에서 저는 주인공 역할입니다.
5. 이 책만 다 읽고 잘게요.
6. 내가 잘못했다고 먼저 사과할걸.
7. 곰곰이 해결 방법을 생각해요.
8. 배가 아파서 밤새 잠을 못 잤어요.

6단원

1. 저는 동생에게 한글을 가르치고 있어요.
2. 선생님께서 칠판을 가리키고 계셨다.
3. 비행기를 타고 하늘을 날아요.
4. 쌍둥이여도 서로 성격이 달라요.
5. 동생은 받아쓰기 문제를 많이 틀린다.
6. 저는 친한 친구들이 많아요.
7. 오늘 해야 할 일을 다 마쳤어요.
8. 지하철에서 가방을 잃어버렸다.